AF571521

L'EMPIRE DE CHAKA ZOULOU

Collection Études Africaines

Dernières parutions

Jacques COLAS, *Une case à Molimé,* 2001.
Abdou HAMANI, *Les femmes et la politique au Niger*, 2001.
Barnabé Georges GBAGO, *Le Bénin et les Droits de l'Homme*, 2 001.
Paulette ROULON-DOKO, *Cuisine et nourriture chez les Gbaya de Centrafrique*, 2001.
Edouard ETSIO (coord.), *Congo 2000 : état des lieux*, 2001.
Tidiane DIAKITE, *Appel à la jeunesse africaine*, 2001.
François OSSAMA, *Les nouvelles technologies de l'information – Enjeux pour l'Afrique subsaharienne*, 2001.
Gabriel GOSSELIN, *L'Afrique désenchantée*, vol.I, 2001.
Jean-Marc ELA, *Guide pédagogique de formation à la recherche pour le développement en Afrique*, 2001.
Albert G. ZEUFACK, *Investissement privé et ajustement en Afrique subsaharienne,* 2001.
Silvère Ngoundos IDOURAH, *Colonisation et confiscation de la justice en Afrique*, 2001.
Alain MENIGOZ, *Apprentissage et enseignement de l'écrit dans les sociétés multilingues*, 2001.
Pierre ERNY, *Essais sur l'éducation en Afrique Noire* ,2001.
Mathurin C. HOUNGNIKPO, *L'Afrique au passé recomposé*, 2001.
Léon MATANGILA MUSADILA, *Pour une démocratie au Congo Kinshasa*, 2001.
Raphaël NTAMBUE TSCHIMBULU, *L'Internet, son Web et son E-mail en Afrique*, 2001.
Julien CONDE, Abdoulaye-Baïlo DIALLO, *Une ambition pour la Guinée,* 2001.
Mahamoudou OUEDRAOGO et Joachim TANKOANO, *Internet au Burkina Faso : réalités et utopies*, 2001.

Tidiane N'DIAYE

L'EMPIRE DE CHAKA ZOULOU

L'Harmattan
5-7, rue de l'École-Polytechnique
75005 Paris
France

L'Harmattan Hongrie
Hargita u. 3
1026 Budapest
HONGRIE

L'Harmattan Italia
Via Bava, 37
10214 Torino
ITALIE

Du même auteur :

MÉMOIRE D'ERRANCE
Éditions A3 Paris 1998

PASSIONS CREOLES
Editions Publibook Paris 2001

ISBN : 2-7475-1920-1

SOMMAIRE

À Angéla Biko et Charles Freeman, tous mes remerciements pour la qualité et la fidélité des traductions, en même temps que pour l'indéfectible diligence dont ils ont fait preuve, dans la délicate et fastidieuse phase de recherche. Également un grand merci à mes amis Jacques Cazenave et MC Dislay pour leurs conseils avisés.

Tidiane N'Diaye.

PRÉSENTATION

Les découvertes maritimes que le monde a connues à la fin du XV° siècle, ont ouvert la voie à un grand mouvement d'expansion coloniale. Les Européens ont découvert des peuples et des mœurs qui leur étaient jusqu'alors inconnus. Ils ont ainsi, le plus naturellement du monde, commencé à opposer leur notion de civilisation à ce qu'ils pensaient être de la barbarie. Cette forme d'ethnocentrisme, qui peut sembler naïve de nos jours, a fait croire pendant longtemps aux peuples européens, qu'il ne pouvait être, de civilisation et de culture, que les leurs. Une telle commodité permit en toute bonne conscience, d'envahir, de dominer et d'exploiter, sous couvert de « civiliser » des peuples. Au XIX° siècle, les Anglais et les Français supplanteront dans l'aventure coloniale en Afrique, toutes les autres nations. En occupant le continent noir, la Grande-Bretagne et la France ont été guidées au début par l'idée d'exporter les bienfaits de leurs civilisations. Elles ont agi en imposant, dans tous les territoires qu'elles coloniseront, des valeurs qu'elles pensaient universelles. La démarche fut certes profitable à bien des pays et dans de nombreux domaines.

Au cours des siècles, l'arrivée des Européens (Portugais, Espagnols, Français, Anglais), s'est pourtant traduite par un horrible trafic humain sans précédent et par l'exploitation et le maintien de certains peuples dans un état de sujétion. De l'énorme ponction humaine de la traite aux meurtrières guerres coloniales, le continent noir fut saigné à blanc. Toutefois, au-delà du nécessaire rappel historique, qui plante le décor du XIX° siècle africain ou de la dénonciation humaniste de certaines calamités subies par l'Afrique, l'on ne peut résumer la présence européenne sur ce continent à une succession de crimes contre l'humanité. La démarche historique ne s'en trouverait pas éclairée, sur la configuration ethnique et la complexité de divers facteurs, ayant influencé l'évolution de cette myriade de peuples. Le but n'est donc pas à travers *L'Empire de Chaka Zoulou*, de présenter les héros d'un continent outragé et victime des odieux exploiteurs et spoliateurs venus de l'extérieur. Ce discours est celui d'un panafricanisme partisan. Mais aussi louable soit-il, il n'est pas au demeurant, différent de celui de quelques obscurs idéologues, réactionnaires et habiles falsificateurs. Dans une logique tout aussi douteuse, ceux-ci ne se sont jamais embarrassés de scrupules, pour travestir des vérités sur l'histoire des peuples africains. Aussi, ces approches opposées mais semblablement militantes de l'histoire, ne permettent pas de comprendre les circonstances qui ont réellement favorisé l'émergence de certains empires africains. Elles ne peuvent pas non plus expliquer ce qui a provoqué par la suite, les grands mouvements de résistance dont le continent noir fut le théâtre au XIX° siècle.

L'histoire retient qu'après avoir servi d'immense réservoir de main-d'œuvre servile, pendant plus de trois siècles, le continent noir deviendra une énorme réserve de matières premières et de produits agricoles, pour les économies européennes. Contrairement à la période de la traite négrière, où ils restaient sur les côtes, les Européens allaient, au XIX° siècle, procéder à l'occupation de ce continent, pour organiser le pillage de ses richesses. Les forts qui avaient été construits lors de la traite, ont été utilisés comme points d'appui pour une profonde pénétration du continent noir. Cependant, l'occupation coloniale ne sera pas une simple promenade militaire. Les Européens allaient se heurter à des hommes, nationalistes et intègres pour la plupart, qui tenteront de leur barrer la route. Certains d'entre eux étaient, sans nul doute, de grands seigneurs en mal d'aventures ou des religieux mystiques aux motivations incertaines. Mais combien de ces hommes étaient en réalité des visionnaires et bâtisseurs de Nations, qui ne se plieront que face au terrible verdict des armes. Les puissances coloniales, dotées d'un armement d'une technique supérieure, tenaient les routes du commerce et leurs accès à la mer. Autrement dit, pour les résistants, ce fut la quadrature du cercle dans toute sa complexité. Mais malgré leurs insurmontables handicaps, ils se battront. C'est l'histoire d'un de ces peuples résistants, les Zoulous, et du plus célèbre de ses chefs, Chaka, que nous allons essayer de comprendre. Les colons Boers (paysans d'origine hollandaise) et les Anglais, tout au long de leur séjour en Afrique australe, ont fait face à des mouvements de résistance plus ou moins importants. Beaucoup d'historiens à l'esprit partisan, n'ont presque toujours présenté ces hauts faits d'armes, et les hommes qui les ont guidés, que sous des traits sauvages et sanguinaires. Une explication est que pendant longtemps en Afrique du Sud les populations d'origine européenne ont monopolisé l'histoire à leur profit. Elles ont toujours affirmé, d'autant plus qu'elles ont amené l'écriture, que l'histoire n'a commencé qu'à leur arrivée. Dans le contexte de l'époque, ces colons ont volontairement ignoré qu'il n'existe pas de peuple sans histoire. Le passage à l'écrit est indiscutablement une étape fabuleuse dans l'évolution de l'humanité. Pour autant, les peuples ne sont pas nés avec l'écriture.

Différents clans de l'Afrique du Sud avaient décidé de s'opposer à l'occupation de leur pays, à toute forme d'oppression et à ce qu'ils considéraient comme une tentative d'aliénation. Seuls les Zoulous auront néanmoins réussi, pendant un temps, à transformer l'occupation de cette partie du continent noir en véritable cauchemar pour la grande puissance du XIX°siècle que fut l'Angleterre. L'un de ceux qui ont initié cet esprit de résistance est Chaka Zoulou, bâtisseur de la nation du même nom. Il reste aux yeux des Sud-africains, celui qui a forgé l'âme de la résistance à l'invasion étrangère. Mythe ou réalité, Chaka est devenu, à tort ou à raison, le symbole de la grandeur, voire d'une certaine fierté des peuples noirs. Beaucoup d'auteurs (essentiellement anglophones) ont puisé dans son œuvre la substance de leurs ouvrages. Les uns l'ont fait pour glorifier et les autres pour dénigrer le personnage et assombrir son œuvre. Traiter un tel sujet n'est donc pas tâche aisée. D'autant que s'il existe une abondante littérature en anglais consacrée à Chaka et à l'empire zoulou, peu d'auteurs francophones s'y sont intéressés. Leurs publications se limitent, pour l'essentiel, à des bandes dessinées, des poèmes et autres pièces de théâtre. Suivant les motivations des uns et des autres, avouées ou non, la polémique continue de faire rage, longtemps après la mort du premier souverain zoulou. Nombre d'historiens de la mouvance des détracteurs n'ont voulu voir en Chaka qu'un tyran sanguinaire, symbole de la barbarie nègre à l'état pur. Quelques-uns d'entre eux iront même jusqu'à le dépeindre sous les traits d'un "génocideur" africain, en le comparant à Adolf Hitler. Pour d'autres, généralement admirateurs du souverain zoulou, Chaka est l'un des plus grands génies militaires et administrateurs civils, que le monde ait connu. Il est devenu le héros de tout un continent. Quant à ses motivations, on est confronté aux hypothèses les plus extravagantes tant chez ses défenseurs que chez ses détracteurs. Pour ce qui est de son épopée, voici ce qu'en pensent certains auteurs :

« *Génial politique et fou sanguinaire, Chaka accumule les crimes les plus révoltants (...). Le génocide est donc total. Le crime est parfait.* » Bernard Lugan.

Quant au *Mfécane*, période au cours de laquelle Chaka va bâtir la grande nation zouloue, dans le sang certes, R. Lacour Gayet dans son *Histoire de l'Afrique du Sud*, ouvrage paru en 1970, a écrit :

« *Beaucoup de noms pourraient être cités, d'autres événements décrits. Mais à quoi bon répéter des faits, toujours les mêmes ? Ces guerres d'extermination entre Noirs, ce Mfécane, comme ils disent, eurent en tous cas, des conséquences rapides. Dans les territoires immenses au Nord de l'Orange régnait une atmosphère de désolation, il semblait que la vie en eut disparu ; La terre cependant, restait prête à accueillir de nouveaux arrivants. Les Boers, ces perpétuels amateurs d'aventures, y virent une occasion de se l'approprier. Ils en furent d'autant plus tentés que leurs relations avec les autorités britanniques devenaient, au même moment, de moins en moins satisfaisantes.* »

G. M. Theal, auteur d'une *History of South Africa*, sera encore plus cynique pour justifier le dénigrement de Chaka, et la nécessaire domination des populations locales par les colons européens, en affirmant que :

« La question qui était posée était très simple : qui, dans ce pays, de la barbarie ou de la civilisation, allait l'emporter ? »

Pour compliquer un peu plus les choses, d'autres témoins comme le marchand, ethnologue occasionnel et grand voyageur anglais, Henry Francis Fynn, se sont montrés plus subtils et nuancés. D'aucuns affirment probablement, faute d'arguments crédibles que pour démolir le mythe de l'empereur zoulou, Fynn a tenté dans un premier temps, de le récupérer. Cet homme qui a réellement rencontré Chaka Zoulou en personne et à de nombreuses reprises, affirmait que si ce dernier a pu bâtir de telles structures, c'est que l'idée lui venait des Européens, notamment d'un mystérieux Dr Cowan. Et l'ethnologue anglais d'ajouter que :

« Les grandes étapes que Chaka franchit pour améliorer les formes de son gouvernement, sa façon de faire la guerre et d'encourager l'ingéniosité, font supposer qu'il devait tenir ce savoir d'une autre source et non de ses rapports avec d'autres tribus indigènes. »

Force est de constater que la plupart de ces témoignages, visiblement partisans, n'ont présenté Chaka et son épopée que sous des traits monstrueux et barbares. Ce sombre tableau relève-t-il de la réalité ? Est-ce pour justifier la colonisation de l'Afrique du Sud ? Toujours est-il que, face à ces approches généralement négatives de leur histoire, des intellectuels sud-africains ont travaillé honnêtement et sans relâche, pour restituer des vérités longtemps travesties. Toutefois, d'autres ont prétendu vouloir œuvrer dans le même sens, mais en prenant quelques aises avec l'histoire. Ils ont souvent « arrangé », sans scrupules, des situations ou des personnages, pour les besoins de la cause. En cela, admirateurs et détracteurs se rejoignent par la méthode. Pour ce qui est des admirateurs, de 1956 à 1977, beaucoup d'auteurs africains ou américains, et parmi les plus célèbres, ont consacré une pièce de théâtre ou un poème ou une série télévisée, au conquérant fondateur de l'empire zoulou. Nombre d'œuvres ont ainsi voulu glorifier un « Chaka, symbole de la fierté noire ». Cette entreprise va de la récupération nationaliste zouloue de Bouthélézi, au « Chaka héros de la Négritude » qui est en fait plus pathétique qu'héroïque, dans *Éthiopiques* de Léopold Sédar Senghor. Car l'impact provoqué par la traduction en 1940 du *Chaka* de Thomas Mofolo, publiée par Gallimard, a brisé une certaine barrière de la langue. Dans l'ambiance des luttes nationalistes qui commençaient alors et qui ont généré une recherche de modèles et de héros, quelques auteurs francophones sont allés puiser leur inspiration dans cet ouvrage. Mais presque tous n'y ont pris que ce qui les arrangeait, c'est-à-dire le nationalisme du héros.

Dans leur enthousiasme, ils ont ignoré, volontairement ou pas, que Mofolo, poète d'origine sotho, n'a jamais prétendu faire œuvre d'historien ou d'anthropologue. Il a certes séjourné en pays zoulou, mais pendant un temps très court. Ce bref épisode ne lui a visiblement pas permis d'acquérir une grande connaissance de l'histoire des Zoulous et de leur empire. Car si Mofolo a restitué dans l'ensemble beaucoup de vérités historiques, il n'a cependant privilégié comme source que la tradition orale, en reproduisant quelques regrettables dérapages. Sa présentation de Chaka comporte de nombreuses contre-vérités et il a aussi inventé, pour étayer son récit, des situations et des personnages.

Pouvait-il faire autrement, peut-on se demander ? Baptisé dans la Mission évangélique de Paris en 1877, Mofolo sera élevé par les missionnaires. Il sera ensuite domestique du Révérend Casalis à Morija qui l'emploiera comme correcteur dans son imprimerie. Il publiera quelques ouvrages au sein de cette structure contrôlée par ses éducateurs religieux. Dans ses premiers écrits, Thomas Mofolo avait déjà condamné le monde africain, qui selon lui, était « plongé dans les ténèbres du pêché ». Toutefois à sa décharge, le contexte de l'époque voulait que, pour les populations d'origine européenne (missionnaires compris), l'épopée de Chaka ne soit qu'un éternel cauchemar (ou fantasme). Car l'image laissée par l'empereur zoulou à la tête de ses guerriers dans l'inconscient collectif de ces colons est terrible. Elle se résume à des hordes de sauvages hurlant, assoiffés de sang, violant les femmes, massacrant les enfants et éventrant les hommes. Aussi, pour le chrétien pratiquant qu'était Mofolo, éduqué et protégé par les missionnaires, Chaka, fruit d'amours coupables et symbole du pêché, était frappé de malédiction. L'auteur est ambigu car, malgré sa fascination pour le nationalisme du souverain zoulou, il a présenté le personnage sous un angle manichéen. Mofolo a opposé dans son récit, la morale chrétienne à la barbarie païenne. Dans sa logique, Chaka ne peut représenter que le mal.

Avec le recul, pour beaucoup d'intellectuels sud-africains, Mofolo apparaît comme le produit classique d'une certaine réalité coloniale. Selon cette thèse, la colonisation de l'Afrique du Sud n'a pas été qu'une affaire d'exploitation économique. Les Boers et les Anglais ont amené dans leurs bagages une bible et d'autres valeurs, jadis étrangères à cette terre. Par ces moyens, ils auront également réussi à coloniser des esprits et des âmes. Pour les Sud-Africains, cette colonisation culturelle s'est révélée tout aussi pernicieuse que le pillage des richesses matérielles de leur pays. Le récit de Mofolo n'a fait que conforter la thèse des détracteurs qui dépeignent un « Chaka sauvage et tyran sanguinaire » ou « destructeur maudit » en passant sous silence tout le reste de son œuvre. À coup de raccourcis esthétiques ou destructeurs, les esquisses des détracteurs ou des admirateurs se rejoignent toutes, pour franchir la frontière qui sépare l'histoire de la légende. On y navigue souvent entre mythe et réalité.

Chaka a cependant fini par incarner, pour nombre de peuples, au-delà même de l'Afrique du Sud, la fierté, le courage, et un certain génie nègre, défiant les valeurs des puissances européennes. Leur héros, pensent-ils, a mis sur pied l'un des plus puissants empires du monde, au nez et à la barbe des colons. Pourtant, Chaka n'était pas que cela. Le conquérant africain était aussi un grand fossoyeur de peuples. Même si son ambition première fut de rassembler, son chemin est parsemé de cadavres et de destructions. La tradition zouloue rapporte un long cortège de massacres inutiles ayant entaché son épopée. Chaka était un être extrême, capable du pire comme du meilleur. Son destin fut exceptionnel et son œuvre, fascinante ou monstrueuse, selon les appréciations. Cependant, dans la grande nébuleuse d'anathèmes, d'éloges ou de récupération de l'histoire de Chaka et de l'empire zoulou, une chose ne souffre pas l'ombre d'un doute. La plupart des auteurs, loin d'être objectifs, se sont employés à assombrir ou à glorifier l'image du conquérant zoulou, sans privilégier l'analyse. Le bon sens incite pourtant à éviter ces approches trop nettement marquées. Car celles-ci loin de chercher à comprendre et à expliquer, se positionnent pour mieux juger.

Il convient de faire preuve de plus de sérieux et de lucidité dans la vision du personnage. Cette lucidité est une forme d'honnêteté nécessaire à l'intelligence pour essayer d'approcher un personnage aussi pétri de contradictions que Chaka. Elle commande d'aborder le souverain zoulou, certes avec ses moments de gloire, mais aussi avec son cortège d'horreurs. Pour autant, l'histoire retient que son étonnante aventure à la tête du peuple zoulou est peu ordinaire. Étant l'une des dernières grandes aventures humaines, elle ne peut que continuer à faire couler de l'encre. Dans l'histoire de l'empire zoulou, admirateurs ou détracteurs, n'ont essentiellement insisté que sur le nationalisme et le génie militaire de Chaka. Mais en y regardant de plus près, les douze ans de règne du souverain zoulou ont été marqués par de grandes innovations. Celles-ci furent militaires pour la plupart. Mais l'homme a aussi accompli de grandes réformes économiques, sociales, et administratives, tout en déployant de subtiles manœuvres diplomatiques. Aussi, le travail qui a abouti à cet ouvrage repose avant tout sur une étude anthropologique et historique des peuples de l'Afrique du Sud, à partir de documents traduits de l'anglais. Ils ont été ensuite confrontés à la tradition orale zouloue. Mais le caractère aléatoire de cet antique média fait que l'on ne perçoive pas toujours, compte tenu des précisions sur la vie de Chaka et de l'empire zoulou, ce qui relève des faits avérés, des suppositions, des interprétations, etc. L'objectif choisi est de privilégier la présentation stricte, la compréhension et l'explication des faits, pour tenter de faire avancer un thème encore passablement embrouillé. Comme partout en Afrique, la première source d'information est la tradition orale. Il existe de bonnes versions anglaises de cette tradition, mais aussi des documents écrits par des contemporains de Chaka. Ce sont des témoignages que nous ont laissés deux hommes, Henry Francis Fynn et Nathaniel Isaacs. Ils étaient aventuriers, ethnologues occasionnels et marchands.

Ces Britanniques ont séjourné au Natal et rencontré Chaka au cours des dernières années de son règne. Fynn était sans aucun doute un personnage ambigu, car avec le recul, ses motivations sont difficiles à cerner. Isaacs, quant à lui, était indiscutablement un détracteur. Mais il assumait pleinement sa position. S'il est permis de douter de l'objectivité de certains faits dans leurs témoignages, ces deux voyageurs eurent cependant des contacts suivis avec le souverain zoulou. Cette position privilégiée leur a permis de nous laisser des documents qu'il est difficile d'écarter. Au demeurant, il ressort de tous les témoignages un fait indiscutable, l'Afrique du Sud a été pendant longtemps déstabilisée par des conflits inter-ethniques, dans un climat anarchique d'une très grande insécurité. Pourtant bien avant Nelson Mandela, Chaka Zoulou avait réussi à fondre en une seule nation tous les clans bantouphones. Cette multitude de tribus était unie, de la frontière septentrionale de ce qui était alors la colonie du Cap, jusqu'aux rives méridionales du lac Victoria. Elle vivait également en totale harmonie, de l'océan indien jusqu'au désert du Kalahari, au sein de l'empire zoulou. Après sa mort, tous les rivaux de Chaka, se sont inspirés de son œuvre. Certains d'entre eux réussiront à fonder à leur tour des royaumes centralisés, là où il n'y avait qu'une poussière d'ethnies, pour assurer la stabilité du pays suivant une organisation initiée par le premier souverain zoulou. Certains auteurs dont Georges Mac Call Theal, ont passé sous silence cet aspect de l'épopée de Chaka. Selon eux, ce destructeur sans égal a, par les massacres qu'il a perpétrés, ouvert la voie à la colonisation. Pourtant, l'arrivée en Afrique du Sud des premiers Européens, en 1652, est très largement antérieure à la formation de la nation zouloue. Ces mêmes auteurs nient également l'influence de tout autre facteur que la barbarie dans l'émergence de l'empire zoulou. Voilà pourquoi, pour une meilleure compréhension des faits, il me semble difficile de traiter ce sujet sans faire côtoyer deux genres : celui d'un exposé de type sciences humaines et celui d'un récit. L'approche anthropologique d'une poussière d'ethnies, rythmée par un récit respectant strictement la chronologie des faits historiques, est sans doute un exercice délicat. Mais à mon sens, il peut grandement aider à comprendre l'intervention d'un homme charismatique dans l'événement historique pour favoriser l'émergence d'un empire.

L'extrême difficulté est que les différentes versions de ce même événement, vu par les historiens sont contradictoires. Car l'étude croisée de *L'Empire de Chaka Zoulou*, fait ressortir deux positions clairement affichées. La ligne des détracteurs y est tout aussi argumentée que celle des admirateurs ou récupérateurs. Autrement dit, les deux approches sont antinomiques, mais semblablement manichéennes. Toutefois, elles dégagent pareillement certaines questions, à savoir : peut-on imputer à Chaka tout seul, la responsabilité du terrible *Mfécane* ? Cet homme de guerre, au cœur totalement anesthésié, a souvent été présenté comme un grand destructeur. Alors comment a-t-il réussi à laisser une telle image de révolutionnaire social et de génie organisationnel, tant militaire que civil ? La réalité historique sur Chaka est-elle aussi sordide que la légende qui lui a survécu ? Surtout, qui était l'homme et ses réelles motivations ? Pourquoi et comment avait-il bâti un empire aussi puissant ? Autant de questions que les historiens n'ont commencé à se poser qu'après l'humiliation infligée à l'Angleterre par les Zoulous à Hisandhlawana en janvier 1879.

CHAPITRE PREMIER

DE LA PÉNÉTRATION EUROPÉENNE À LA BATAILLE DE HISANDHLAWANA

Au début du XIX° siècle, sous l'impulsion de Chaka Zoulou, les différents clans d'Afrique du Sud appelés N'Gunis, étaient essentiellement occupés à bâtir une grande nation. Ensuite, leur puissante armée passa de nombreuses années à lutter, pour assurer sa stabilité et son rayonnement. Pendant ce temps des colons venus d'Europe vers le milieu du XVII° siècle, continuaient à s'affairer dans le pays. Ces immigrés, installés depuis longtemps comme paysans (Boers), étaient pour la plupart originaires de Hollande et de France. Au début de leur implantation, ils restèrent presque tous dans la région du Cap. Par la suite, se sentant à l'étroit dans l'espace qu'ils s'étaient attribué, ils passeront à une phase d'expansion vers d'autres régions du pays. En fait, chez ces Boers, il était fréquent qu'un héritier soit lésé par un partage de terres. Dans ce cas, l'intéressé était autorisé à quitter sa famille. Il avait la possibilité de s'installer à son compte, dès lors que ce n'était pas sur des terres appartenant à des Boers.

Ainsi, le vieux prétexte de l'espace vital allait servir leur cause. Ils commencèrent par chasser la tribu des Khosas. Ces derniers à leur tour, allaient agresser d'autres tribus dans leur retraite. Cette série de bousculades ethniques forcées, eut pour effet d'enflammer la région et souvent à l'avantage des Boers. L'arrivée de ces expatriés dans cette partie du continent noir, est due à un banal accident de la nature. Après que le Portugais Bartoloméu Dias passa le Cap de Bonne Espérance en 1487, puis imité dix ans plus tard par son compatriote Vasco de Gamma, ce chemin devait être de plus en plus fréquenté par beaucoup de navigateurs. Mais pendant longtemps, l'Afrique du Sud avait mauvaise presse auprès des

Européens, qui associaient ce pays aux tempêtes violentes et à ses habitats agressifs. C'est seulement à la suite du naufrage d'un navire hollandais le 21 avril 1652 sur les côtes sud-africaines, que l'explorateur Jean Van Riebeek fut envoyé au Cap. La Compagnie des Indes Orientales lui confia pour mission d'y construire une escale sur la route des Indes et de l'Insulinde. Ces contrées étaient connues des Européens, pour leurs richesses en épices. En outre, il y fonctionnait déjà un réseau d'établissements commerciaux. Van Riebeek débarqua au Cap avec 90 Néerlandais, pour mettre en place les bases d'une structure qui deviendra très vite coloniale. Ensuite, la Compagnie des Indes Orientales a encouragé l'installation massive de ses anciens marins ayant gagné la citoyenneté libre. Certains de ces hommes de la mer se sont sédentarisés, pour devenir commerçants et aubergistes dans les villes sud-africaines. Quant aux autres, dont beaucoup étaient d'origine paysanne, ils préféreront s'installer à l'intérieur du pays pour exploiter des fermes. La résistance des populations locales ne tarda pas à se manifester. Car les Hottentots, entre autres, refusaient de commercer avec les nouveaux venus.

Aussi, les Hollandais décidèrent de se passer de leur collaboration. Van Riebeek encouragera progressivement l'immigration de plus en plus de candidats européens. Il fera appel aux Huguenots français réfugiés au Pays-Bas, après la révocation de l'Édit de Nantes en 1685. Entre 1688 et 1700, 238 Français arriveront dans le pays. Ils mettront en place une économie agricole pour ravitailler les navires de la compagnie en fruits et légumes. Les nouveaux immigrants, pour la plupart, se sont installés à leur tour comme paysans. Au début les Boers étaient beaucoup plus préoccupés par des considérations religieuses, que par des facteurs de race ou de couleur. Et dans les villes portuaires qui connaissaient d'énormes brassages de populations de passage, le mode de vie était assez libre. Le métissage y fit très vite son apparition. Ceci se traduisait progressivement, chez les Boers, par la disparition de préjugés, voire de conscience raciale ou religieuse. À l'inverse, les Boers installés dans les campagnes pour échapper aux tracasseries de l'administration, s'organisèrent pour constituer des communautés homogènes, stables et repliées sur elles-mêmes. Ils établirent un code éthique et une idéologie d'un racisme très dur, en s'inspirant de la tradition calviniste de l'Europe du XVII° siècle. C'est ainsi que guidés par une interprétation intolérante de la Bible allemande, ils se crurent investis d'une mission sacrée. Cette communauté s'éleva à une infinie distance au-dessus des autres groupes ethniques du pays. Elle s'arrogeait le droit de les traquer comme des bêtes. Les notions de liberté et surtout d'égalité, n'avaient de sens qu'au sein de leur propre communauté. La liberté, ils ne la concevaient que pour eux, décidant que les populations locales en étaient totalement indignes. Ces « élus de dieu » prétendaient, en toute bonne foi, répondre à un ordre divin qui leur commandait de dominer les peuples de couleur. Ceux-ci étaient, à leurs yeux, des ennemis naturels par leur race et par leurs rites païens. Les Boers poussaient le mépris jusqu'à adopter une attitude hostile envers les missionnaires, dans leur œuvre d'évangélisation « pour sauver des âmes indigènes ». Ils s'interdiront, dans un premier temps, tout mélange contre nature avec des êtres qu'ils considéraient comme inférieurs.

Mais le nombre de leurs compagnes était relativement faible. Ceci finira par les obliger à entretenir des relations avec des femmes d'ethnies africaines. De ces relations naîtront des êtres métissés, qu'ils ont qualifiés de *bastards,* de *griquas* ou simplement de *coloured,* à défaut de ne pouvoir les définir. Ils classeront ces métis dans la catégorie des « races inférieures », mais néanmoins au-dessus des populations noires. Singulière contradiction dans la nature humaine, ces immigrés étaient tous des Protestants. C'est-à-dire, ceux qui ont été les persécutés des oppressions religieuses et nationales de l'Europe du XVII° siècle. Pourtant ils n'eurent aucun scrupule à persécuter à leur tour des populations autochtones. Et ce, sur une « terre promise » qui devait normalement leur servir d'asile et de havre de paix.
Arrivés sur le continent noir, ils ont érigé la religion et la couleur blanche comme valeurs suprêmes.

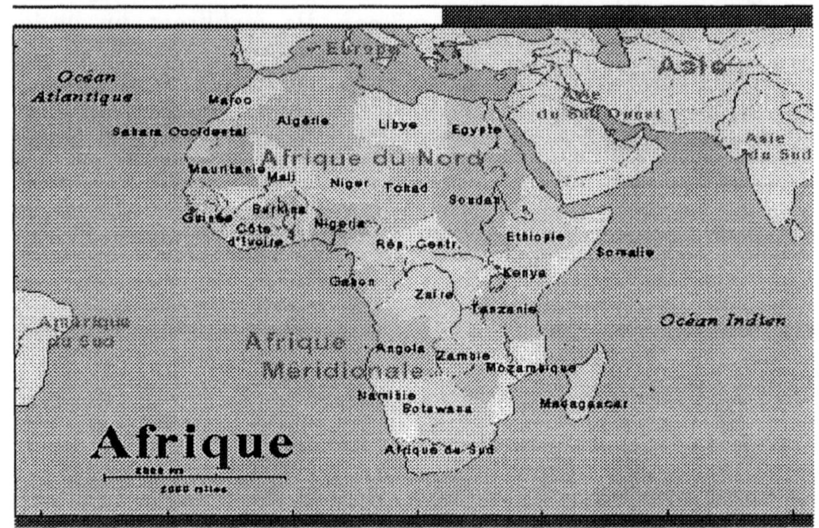
Afrique
Océan Atlantique
Maroc
Sahara Occidental
Algérie
Libye
Egypte
Europe
Asie
Afrique du Nord
Mauritanie
Mali
Niger
Tchad
Soudan
Guinée
Burkina
Côte d'Ivoire
Nigeria
Rép. Centr.
Ethiopie
Somalie
Gabon
Kenya
Zaïre
Tanzanie
Océan Indien
Afrique Méridionale
Angola
Zambie
Mozambique
Namibie
Botswana
Madagascar
Afrique du Sud

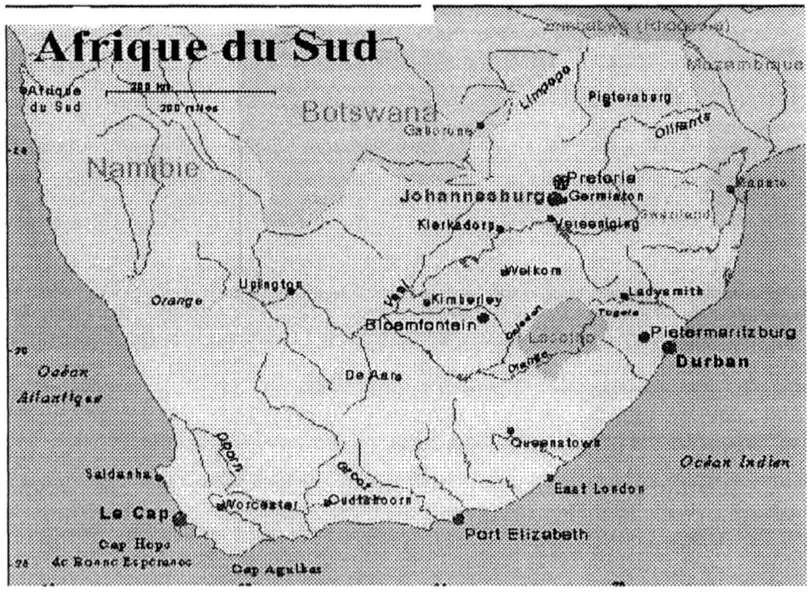
Afrique du Sud
Botswana
Namibie
Limpopo
Pietersburg
Olifants
Pretoria
Johannesburg
Germiston
Klerksdorp
Vereeniging
Welkom
Upington
Orange
Vaal
Kimberley
Ladysmith
Bloemfontein
Pietermaritzburg
Durban
Océan Atlantique
De Aar
Queenstown
Océan Indien
Saldanha
East London
Worcester
Oudtshoorn
Le Cap
Port Elizabeth
Cap Agulhas

C'est au nom de la religion chrétienne - qui par essence même est tolérante - que les Boers se sont transformés à leur tour en oppresseurs. Ceci leur a permis d'occuper tous les postes importants de la vie économique et politique du pays. Ils excluront tous ceux qu'ils qualifiaient de «non blancs» des affaires, pour en faire des sous-citoyens. Ceux-ci deviendront progressivement des serfs, pour constituer un inépuisable réservoir de main-d'œuvre agricole ou domestique. Cependant, après les avoir bien observés, les populations locales directement en contact avec eux, étaient fermement opposées à leur installation définitive et au système qu'ils voulaient imposer. Elles décideront de se battre, pour conserver leurs terres et leurs modes de vie. Mais dans un premier temps, les Boers auront à faire face à d'autres problèmes plus immédiatement préoccupants. Ils finirent par trouver insupportable leur condition d'administrés et les taxes que leur imposait leur principal employeur dans le pays. L'exiguïté des terres qui leur étaient concédées, ne permettait pas que celles-ci soient suffisamment rentables.

Révoltés par leurs conditions de vie sous la coupe de la Compagnie des Indes Orientales, ils amorceront un vaste mouvement de populations (*Trek*) vers l'est, pour s'approprier d'immenses domaines d'élevage et de culture. Dans cette grande aventure, nombre de tribus locales, notamment les Bochimans et les Hottentots, en feront les frais. Car l'occupation de leurs terres par les colons, provoquera de violents affrontements avec ces populations d'éleveurs. Les Hottentots et les Bochimans seront vaincus, refoulés ou réduits en esclavage. Mais la plupart des autres clans, par réaction, allaient à terme affronter les Boers dans une série de guerres sans merci. Le principal enjeu de tout ceci était l'occupation d'espace vital, jusqu'à ce qu'un troisième élément, totalement inattendu, vienne s'en mêler. Les Britanniques qui constituaient un peuple de grands humanistes et de démocrates, allaient d'abord occuper la région du Cap à deux reprises, en 1795 et en 1806, sans vraiment inquiéter les Boers. Et en 1814, par le premier Traité de Paris qui mit fin aux guerres napoléoniennes, le Royaume-Uni acquit la colonie du Cap. Les Boers acceptèrent cette occupation, car la Compagnie des Indes Orientales était incapable de mettre fin aux guerres inter-ethniques. Pourtant, à partir de 1820, les choses allaient se compliquer avec le débarquement de milliers de colons britanniques venus concurrencer les Boers dans l'occupation des terres. Ceci fut aggravé par les différences culturelles entre les deux communautés. Les paysans hollandais ne voyaient plus d'un bon oeil l'arrivée de ces populations réputées libérales. Ils finiront par les soupçonner de vouloir œuvrer pour l'égalité des droits entre toutes les ethnies du pays.

Les nouveaux venus seront encore plus suspects aux yeux des Boers, lorsque l'Angleterre fut la première nation au monde à abolir l'esclavage en 1833. Les colons hollandais finiront par leur contester l'autorité sur ce pays où ils étaient arrivés avant eux. Mais réalistes, ils éviteront de s'opposer militairement à une telle puissance moderne. Pour fuir l'ordre imposé par les Anglais, ils préféreront dans un premier temps s'exiler vers le nord. Et cette fois, dans un mouvement de populations qui fut encore plus important que le précédent et appelé « *Le grand Trek* ». Celui-ci a débuté en 1834, soit un an après l'abolition de l'esclavage par les Anglais, pour ne se terminer qu'en 1857. Les Boers fonderont leurs propres « Républiques » du Natal, de l'Orange et du Transvaal.

Ensuite, les tensions entre ces aventuriers et les colons anglais ne cesseront de s'intensifier. Les Boers allaient aussi envenimer leurs relations avec les tribus locales, en pratiquant une politique systématique de discrimination raciale dans leurs nouvelles « Républiques ». En mars 1857, par réaction, les Khosas sacrifièrent la totalité de leur bétail. Ils espéraient ainsi provoquer une famine fatale à la colonisation européenne. Mais ils en furent les principales victimes. Pourtant malgré la cascade d'événements conflictuels les ayant opposés pendant longtemps, Anglais et Boers avaient une préoccupation commune. Celle d'en finir avec une puissance guerrière locale qui les inquiétait. Ils avaient toujours ressenti celle-ci comme un incontournable obstacle à leurs ambitions colonialistes mêmes divergentes. Aussi, pendant le temps nécessaire, Britanniques et Boers allaient devenir des alliés objectifs, pour tenter de neutraliser les forces de l'empire zoulou. Mais le peuple de cette puissance sud-africaine était fermement décidé à se battre pour conserver son intégrité ethnique et territoriale. Les Zoulous avaient longtemps négligé les mouvements de populations européennes dans le pays. Même Chaka, père de leur Nation, pourtant considéré comme un grand visionnaire, n'avait pas accordé suffisamment d'importance au phénomène. Pendant qu'il se battait pour fonder et consolider son empire, les colons n'étaient pas restés de simples spectateurs. Ils avaient profité de tous ces bouleversements, pour s'installer durablement. Et ce, sur des positions, d'où par la suite, les déloger allait devenir une problématique insoluble. Pire encore aux yeux des Zoulous, ces colons les devançaient en prenant l'initiative, pour tenter de démanteler leur empire.

Les Anglais qui n'avaient jamais attaqué du vivant de Chaka, pensaient que le moment était venu de mettre un terme à cette insolente « suprématie militaire indigène ». Pourtant ils allaient devoir compter avec la réaction de ceux qui se disaient *Amas Zoulous*, c'est-à-dire, le peuple du ciel. C'est ainsi qu'un inoubliable fait d'armes devait s'inscrire dans l'histoire, au cours de la bataille de Hisandhlawana en janvier 1879. Lors de cet affrontement titanesque, les troupes zouloues sous le commandement de Cétiwayo, quatrième monarque de leur empire, allaient fermement s'opposer à la puissance britannique.

Depuis longtemps préparés à la guerre, les Anglais avaient décidé d'imposer un traité provocateur à Cétiwayo. Ils lui dictèrent des conditions qui n'avaient pour principal but, que la démilitarisation de l'empire zoulou. Ce fut un échec comme ils l'avaient prévu. Dès lors, ordre fut donné au gouverneur de Pietermaritzburg dans le Natal d'en finir avec les Zoulous. Ceci était d'autant plus nécessaire qu'en Europe, l'empire fondé par Chaka inspirait respect et crainte à nombre de souverains pour la plupart profondément anglophobes. Ceux-ci admettaient, comme un pied de nez aux Anglais, que les Zoulous constituaient une nation bien organisée, disciplinée et puissante. Le représentant de la Couronne en Afrique du Sud, trouva un prétexte pour déclencher les hostilités. Quelques guerriers étaient entrés au Natal pour capturer et ramener deux épouses adultères d'un chef zoulou. Les Britanniques en profitèrent pour tenter une seconde fois, d'imposer un traité à Cétiwayo. La demande était toujours la même à savoir, entre autres, que le monarque démilitarise son empire et autorise les hommes à se marier sans son consentement. Et condition encore plus humiliante, il devait faire allégeance à Sa Majesté Victoria, reine de toute l'Afrique. En clair, les Britanniques exigeaient ni plus ni moins, que la suppression de tout ce qui faisait la vieille et originale organisation de la nation zouloue. Sans se faire d'illusions sur la suite des événements, les armées de Sa Majesté, sous la direction du colonel Danford firent mouvement en direction du pays zoulou.

Les Britanniques pour liquider leur principal obstacle colonial dans le pays, avaient renforcé leur puissance de feu. Ils étaient équipés d'un nombre impressionnant de canons et de fusils modernes. À la tête d'une telle puissance, Lord Chelmsford pensait pouvoir en finir avec un adversaire dont les guerriers, malgré leur courage légendaire, n'avaient que des sagaies à lui opposer. Les autorités coloniales lancèrent un nouvel ultimatum à Cétiwayo par l'intermédiaire d'un messager. La réponse du monarque africain ne se fit pas attendre :

« - De tous temps, répondit Cétiwayo, un Zoulou n'a respecté que les lois zouloues. Si vous avez réussi à vous implanter de l'autre côté du fleuve, vous seriez bien inspirés d'y rester. La seule souveraineté légitime chez les Zoulous est celle incarnée depuis Chaka, par ses chefs qui n'ont pas d'ordre à recevoir d'une femme étrangère et qui se prétend « Reine de toute l'Afrique ». » L'empereur se tournant vers ses chefs de guerre et ses conseillers qui assistaient à l'entrevue, leur dit encore :

« - Ce sont les colons qui sont venus me combattre chez moi. Ils veulent me dicter leur volonté et non le contraire. Donc, ma seule intention maintenant, est de défendre mon propre pays. Ils avaient pourtant approuvé mon couronnement, il y a plusieurs années. »

Lord Chelmsford décida d'une attaque préventive, pour impressionner les *Zoulous* dans une gigantesque démonstration de force. Les troupes britanniques envahirent le territoire de l'empire zoulou le 11 janvier 1879, sans avoir procédé au préalable à une opération de renseignements par leurs propres structures militaires. Ce fut sans doute la première erreur stratégique de Lord Chelmsford. D'aucuns pensent que ce bouillant officier était depuis longtemps motivé par l'honneur d'être présenté à Londres comme le vainqueur d'un redoutable peuple éternel rebelle à l'autorité victorienne. De son côté Cétiwayo avait déjà lâché dans la nature, des «déserteurs» tombés volontairement entre les mains des Britanniques.

Ces « agents infiltrés » allaient bombarder leur état-major de fausses informations, tant sur la direction des troupes zouloues que sur les intentions de leur souverain. Avec la complicité de ces faux renégats, Cétiwayo réussira à épuiser les Anglais. Il les baladera des jours durant en différents points du pays. Ensuite cet expert dans l'art des mouvements de troupes et du camouflage, décida de se montrer précisément à Hisandhlawana. Les Anglais se retrouvèrent nez à nez avec les guerriers de l'immense armée zouloue surgie de nulle part. Le général Chelmsford et le colonel Danford furent certes impressionnés par cette marrée de fantassins remarquablement disposés. Mais ils ne doutèrent pas un instant de l'issue de la bataille qui allait s'engager. Ils pensaient avoir avec eux un armement moderne, techniquement supérieur et plus efficace. En fait, sans le savoir, ils venaient de tomber dans un guet-apens. Leur présence à cet endroit était l'aboutissement d'un astucieux piège que leur avait tendu Cétiwayo. Par une suite de mouvements de retraite délibérée, l'empereur zoulou les avait attirés à un endroit idéal pour croiser le fer. À Hisandhlawana, Cétiwayo savait qu'il pouvait efficacement manœuvrer ses troupes. Car il avait eu largement le temps d'explorer ce champ de bataille, pour prendre ses repaires et affiner sa tactique. À Hisandhlawana allait sonner l'heure de vérité pour des adversaires qui s'étaient observés des décennies durant. D'une manière symbolique, cette bataille allait être l'affrontement entre le redoutable et orgueilleux peuple de Chaka Zoulou et l'empire britannique. Les autorités occupantes ne pouvaient tolérer une puissance insoumise dans leur colonie. Les forces de Sa Majesté allaient pourtant perdre cette bataille titanesque, pour l'avoir envisagée par une approche militaire conventionnelle.

Les souverains zoulous qui, depuis Chaka, avaient bien étudié les Britanniques dans des batailles contre les Boers, avaient compris la répugnance de leurs adversaires à engager des troupes en combats rapprochés. Alors que cette tactique, conçue et perfectionnée par Chaka, était la force des armées zouloues. Les Académies militaires anglaises ont depuis toujours été marquées par une certaine pensée unique dans l'art de la guerre. Par conséquent, elles n'enseignaient pas à leurs élèves les techniques de combat des populations dites « indigènes ». Dans la plupart des sociétés du continent noir, le vrai combat est un corps à corps, où les réelles qualités de courage, de force et d'endurance du guerrier se révèlent. Tous les empereurs zoulous qui se sont succédés au pouvoir depuis 1828, ont gardé l'organisation guerrière initiée par Chaka. Aussi, l'ombre du premier souverain et père de leur Nation, allait planer ce jour-là sur Hisandhlawana. Chaka Zoulou avait démontré tout au long de son existence d'incomparables talents d'organisateur, d'innovateur économique et de réformateur social. Mais l'homme était avant tout un grand génie militaire. Les Britanniques allaient pouvoir tester l'efficacité de la redoutable machine de guerre qu'il avait conçue quelques décennies plus tôt. Les Zoulous se sont toujours battus avec le même armement imposé par Chaka. Ils avaient gardé aussi la même technique guerrière essentiellement basée sur le combat rapproché. L'équipement en armes à courte portée obligeait le guerrier à chercher le contact avec l'ennemi. Il pouvait ainsi voir ses yeux et y lire la peur ou la bravoure. Ainsi chaque jeune combattant de cette armée à discipline de fer, était avant tout entraîné au corps à corps. Quant à la phase de confrontation de masse, Chaka l'avait adaptée à la technique africaine, dite du «*Rabattage*». Beaucoup de tribus du continent noir, ont toujours pratiqué la chasse aux fauves (antilopes ou buffles). Par des battues, les chasseurs obligent d'abord le gibier à se rabattre avant de frapper. Dans ses armées, les jeunes combattants que Chaka affectait aux ailes, formaient de manière imagée, les cornes du buffle, appelées *Unités volantes.* Leur mission était de toujours se charger du rabattage de l'ennemi, pour permettre l'arrivée des unités de choc du centre, qui matérialisaient le *Crâne du buffle.* Le but était de provoquer le corps à corps, phase constituant le vrai début du combat.

Pour parvenir à ce stade, peu importait le nombre de guerriers qui tombaient pour la Nation. Depuis le règne de Chaka, on n'attaquait plus en ordre dispersé. L'assaut se faisait par des *Impis* (régiments de fantassins) disciplinés, qui se déplaçaient en formations soudées en arc de cercle, en martelant le sol dans des rangs compacts. Pendant ce temps les *Unités volantes* (cornes du buffle), se chargeaient de toujours rabattre l'ennemi. L'ensemble de cette étrange chorégraphie guerrière conçue par Chaka, représentait la *Tête de buffle* qui fonçait droit devant, en attirant toujours l'ennemi pour le détruire. Et quand celui-ci entrait en contact avec le *Crâne*, c'est qu'il était pris au piège. L'histoire et la conception de cette technique guerrière par Chaka, seront détaillées plus loin. Tout recul, retour en formation sans arme d'un guerrier, comme le passage à l'ennemi ou la lâcheté au combat, étaient punis de mort. Ces règles se sont toujours appliquées à tous les combattants zoulous, quel que soit leur grade. A Hisandhlawana la bataille engagée, avait été précédée d'une classique mais intense préparation d'artillerie. Durant des heures, les troupes britanniques voyaient tomber sous leurs tirs de canons et de fusils, des dizaines de jeunes guerriers des *Unités volantes* des ailes en phase d'approche. Ils en oubliaient presque les formations du centre de l'armée zouloue. Quand les Britanniques entrèrent directement en contact avec le *Crâne du buffle*, ils furent très vite submergés. Pourtant, cette armée était rodée sur tous les champs de bataille d'Europe. Leurs anciens sous les ordres du général Duc de Wellington, avaient écrasé la grande armée de Napoléon Bonaparte à Waterloo le 18 juin 1815. Mais à Hisandhlawana ils furent décimés par les guerriers zoulous. Les Britanniques laisseront 1 300 morts sur le champ de bataille. Dans leur fuite désespérée pour sauver le drapeau anglais, beaucoup de courageux soldats furent rattrapés et massacrés sans pitié. Un des rares officiers britanniques ayant survécu à la bataille écrira :

« *Aucun soldat, je pense, ne peut s'empêcher d'admirer et de respecter les qualités militaires déployées par l'ennemi, même si sa haine et son mépris ont été entretenus par cette brutalité et cette sauvagerie qui les caractérisent par ailleurs ; à l'avenir l'armée zouloue va inspirer le respect et la prudence qui s'imposent avant qu'on puisse la vaincre.* »

Hisandhlawana restera comme la défaite la plus humiliante jamais infligée aux Britanniques dans leur histoire militaire. Et encore de nos jours, les Zoulous disent que c'était la victoire de Chaka à titre posthume. Difficile de les contredire, car l'histoire retient que les colons n'avaient jamais tenté d'affronter l'armée zouloue sous son commandement. Pourtant c'est là un détail qui n'a rien changé à Hisandhlawa. Car l'armée que les Britanniques ont combattue ce jour-là, était la même qu'avait conçue Chaka. Ses chefs n'ont fait qu'appliquer ce que le premier empereur zoulou leur aurait demandé de faire en de pareilles circonstances. Pour minimiser l'intelligence tactique et la puissance de cette formidable machine de guerre, Isaacs a écrit que les succès de Chaka étaient uniquement dus au fait que ses guerriers n'avaient qu'une alternative. Soit ils revenaient victorieux et avaient leur part de butin, soit ils étaient traités de lâches et subissaient une mort cruelle et instantanée. À l'opposé, certains auteurs sont d'un avis contraire. Par exemple, pour le Sud-Africain Kunene, les triomphes de l'armée zouloue s'expliquent par le fait que, cette force était avant tout, une armée populaire. Les guerriers et les chefs enrôlés en son sein, s'étaient toujours battus avec un idéal d'unification des peuples bantouphones. Cet idéal,

Chaka le leur avait insufflé et souvent, par une passion d'une violence que beaucoup d'historiens cherchent encore à comprendre. En fait, bien que souvent exagérés, il y a du vrai dans les deux arguments.

Depuis le premier souverain fondateur de la nation zouloue, la discipline de cette redoutable armée a toujours été sévère. La peine de mort sanctionnait tout acte de lâcheté. Celui qui battait en retraite sans en avoir reçu l'ordre, comme celui qui revenait du combat sans son arme, pouvaient être certains du sort qui les attendait. Et sous de fallacieux prétextes de lâcheté ou de recul, Chaka et ses successeurs ont souvent fait massacrer des guerriers, uniquement dans le but de maintenir la discipline et d'inciter les autres à plus de combativité. D'autres facteurs importants qu'il convient de ne pas négliger, comme l'appât du gain, peuvent également expliquer l'étonnante combativité des Zoulous. Dans les armées de Chaka les guerriers ont toujours été les principaux bénéficiaires de l'accroissement du cheptel impérial. Ils en étaient responsables, car cet accroissement dépendait de la capture du bétail appartenant aux ennemis vaincus. C'était donc un moyen pour les combattants zoulous d'assurer le quotidien immédiat aux sujets de l'empire. Mais plus tard après avoir reçu l'autorisation de convoler en juste noce, ils avaient les moyens d'honorer l'inévitable dot à la famille de la future épouse. Et comme le bétail a toujours été la principale valeur économique de la société civile zouloue, ce « capital » leur permettait aussi d'exister socialement une fois remerciés pour leurs bons et loyaux services guerriers. Cependant, la bataille de Hisandhlawana n'avait pas été engagée contre un ennemi que l'on allait soulager de son bétail. C'était un combat nationaliste mené par les Zoulous contre des forces coloniales qui voulaient démanteler leur empire. L'orgueil et le courage insufflés par Chaka Zoulou à ce redoutable peuple ont terrassé ce jour-là les forces d'une grande puissance européenne moderne. Hisandhlawana a provoqué la chute du gouvernement Disraeli. Avant de quitter le parlement londonien, le Premier Ministre Benjamin Disraeli, Comte de Beaconsfield, posa cette question à la fin des débats :

« - *Qui sont ces Zoulous, quel est ce peuple remarquable qui a vaincu nos guerriers, converti nos évêques et qui a mis fin aujourd'hui à une grande dynastie* ? »

En effet, qui sont les Zoulous ? Comment un empire d'une telle puissance s'est-il formé à cet endroit et à ce moment de l'histoire ? À cela il y a plusieurs explications. Bien qu'il reste encore quelques points obscurs et des différences de dates, la succession des événements peut être reconstituée avec une précision acceptable. Les facteurs et les conditions qui ont favorisé l'émergence de l'empire zoulou, ont été identifiés. Pour que cette immense entité ait pu voir le jour, il y eut une conjonction de circonstances particulières et des nécessités historiques. Une grande instabilité, pour ne pas dire une indescriptible anarchie, régnait dans les micro-chefferies de l'Afrique australe. Ces peuples à la recherche d'unité, d'idéal et de véritables guides, s'interrogeaient depuis trop longtemps sur leur avenir. C'est à ce moment-là que l'intervention d'un homme au charisme exceptionnel, Chaka Zoulou, est venue provoquer de véritables tremblements de terre, au sein de ces sociétés figées dans une stérile incertitude. Et avant de reconstruire, le cyclone que cet impitoyable cavalier nègre de l'apocalypse a fait souffler sur son passage, aura saccagé avec une exceptionnelle brutalité, les fondements mêmes de cette configuration ethnosociale complexe, désunie et décadente.

CHAPITRE II

LA CONFIGURATION ETHNOSOCIALE DU SUD DU CONTINENT NOIR AU XIX° SIÈCLE

Dès le XV° siècle, la région australe du continent noir fut découverte par les Portugais. Bartoloméu Dias fut le premier Européen à contourner l'Afrique, par le cap de Bonne Espérance en 1487. Ensuite, un autre navigateur portugais, Vasco de Gamma, à la recherche des Indes, passa au large des côtes du Natal. Cependant, les Portugais ne s'installeront pas en Afrique du Sud. Situé au Sud du Tropique du Capricorne, ce pays est le plus méridional du continent noir. Il est limité au Nord par la Namibie, le Botswana, le Zimbabwe, le Mozambique et le Swaziland. Ses côtes orientales et méridionales sont baignées par l'océan indien, et sa côte occidentale donne sur l'océan atlantique. Le territoire sud-africain s'étend sur 1 221 037 Km^2. L'occupation humaine de ce pays est très ancienne.

À un moment entre 100 000 et 80 000 ans av. J.-C., le niveau de la mer commença à baisser. C'est peu après que l'homme a occupé les meilleurs emplacements de ce territoire (plages et grottes). Le climat semi-aride qui s'installait alors sur une partie de la zone équatoriale, réduisit considérablement la forêt dense. Celle-ci fut transformée en herbages ou en une forêt claire, offrant ainsi un paysage plus favorable aux hommes et au gibier. Il y a quelques 100 000 ans, des populations génétiquement apparentées mais distinctes, ancêtres lointains de certains peuples sud-africains d'aujourd'hui, occupèrent tout le pays. De nombreux sites récemment découverts font penser que cette période a vu une nette augmentation de la démographie. Ceci est corroboré par l'expansion de la chasse et de ses techniques nouvelles. Grottes et abris furent de plus en plus occupés. La chasse s'intensifia en se spécialisant.

En 1924, un crâne fossilisé fut découvert dans une carrière de calcaire au nord de Kimberley. C'est celui d'un véritable bipède âgé de 3 ou 4 ans. Cet *Australopithécus africanus* vieux de plus d'un million d'années, sera baptisé « l'enfant de Taung ». Mais plus proche de nous, les premiers *Homo sapiens* sud-africains vivaient dans des grottes. Ils chassaient en utilisant des arcs et des flèches empoisonnées. Ces populations de chasseurs mais aussi de cueilleurs, ont décoré leurs grottes de peintures rupestres, dont les plus anciennes remonteraient à 1 500 ans avant notre ère.

Ces hommes ont semblé avant tout s'intéresser aux animaux, en les peignant dans des attitudes familières comme l'accouplement, la fuite, la lutte ou les jeux. Ils ont privilégié les espèces dont ils appréciaient la chair. Leurs descendants sont vraisemblablement les Khoïs et les Bochimans (San). Ces deux peuples sont apparentés. Les premiers sont restés chasseurs alors que les seconds sont devenus éleveurs. Ils sont de petite taille, avec des pommettes saillantes et des yeux en amande. Les premiers navigateurs les avaient pris pour des chinois. Beaucoup plus tard, ces populations verront arriver sur de vastes régions de l'Afrique australe, des agriculteurs détenteurs de techniques de la métallurgie. Il n'y a pas de trace d'agriculture dans ce pays avant l'apparition des populations de l'âge de fer. Toutefois, dans la région du Sud-Ouest de l'Afrique du Sud, certains groupes récents ont connu l'élevage de moutons et de bovins, aux environs du premier siècle avant l'ère chrétienne.

Vers le X° siècle de notre ère arrivèrent les Hottentots. Puis entre le XI° et le XV° siècle, apparurent à leur tour les Namas et les Bantous. Les différentes variantes de ces derniers, finiront par être majoritaires en Afrique du Sud à partir du XIX° siècle. La dispersion de ces populations bantouphones - et qui a amené quelques branches importantes du groupe dans le Sud du continent - aurait vraisemblablement commencé au début de l'ère chrétienne. Certaines de ces populations sont venues du pays de Louba, situé au bord de la grande forêt congolaise. L'archéologie, la tradition orale et la linguistique s'accordent pour le confirmer.

Elles sont arrivées en Afrique du Sud en traversant le Zambèze et le Limpopo. Comme il est communément admis, le développement de la métallurgie et du fer est le point de départ de toutes les civilisations avancées. Les peuples bantouphones avaient exploité une industrie du fer pendant longtemps. Ils ont donc profité de l'efficacité que leur conférait l'utilisation d'armes et d'outils en fer pour conquérir et dominer les plus anciennes tribus d'Afrique du Sud. Dès la fin du XVI° siècle, les Bantous ont bousculé les Koïs, les Bochimans et les Hottentots pour leur disputer les meilleurs pâturages. Ces clans vaincus se sont réfugiés en masse dans les forêts ou ont émigré vers la région du Cap. Mais ni la tradition orale ni l'archéologie, ne signalent d'affrontements dévastateurs dans le pays avant le XVII° siècle.

Les premiers Bantouphones arrivés en Afrique australe étaient des clans venus du Nord du continent. La plupart d'entre eux étaient forgerons. Ces émigrants commencèrent leur dispersion en longeant les franges septentrionales de la forêt équatoriale. C'est ainsi qu'ils entrèrent d'abord en contact avec des populations d'agriculteurs. Grâce à une période de contact relativement prolongé avec celles-ci, les Bantous adoptèrent l'élevage du gros bétail et du mouton, de même que la culture de certaines céréales. Une première expansion vers le sud de quelques branches bantouphones, permit d'introduire la culture de l'âge du fer en Afrique australe. On retrouve les langues bantoues du Centre (groupe occidental des hauts plateaux), davantage en Afrique australe qu'ailleurs, mais avec quelques changements. Une seconde expansion majeure vers le sud sera le fait d'un courant bantouphone non clairement identifié. Tout ce que l'on sait est qu'elle passa à travers les hautes terres à l'Ouest du lac Nyasa jusqu'au Transvaal. Ce circuit qui traverse une contrée infestée de mouches tsé-tsé au Sud de la Tanzanie, devait priver tous les émigrants de ce courant de la presque totalité de leur bétail.

Quant à la troisième expansion, dite du courant oriental, en direction du Sud, elle amena le faciès des basses terres de la région Kwale (Est du lac Nyasa) au Mozambique méridional et au Transvaal oriental. Cependant, l'émigration des peuples bantouphones des hautes terres de l'Afrique orientale du Shaba sera la plus décisive quant au développement de l'âge du fer jusqu'à la moitié orientale du sous-continent. En fait, le centre de dispersion des Bantous semble bien être le Cameroun ou plus précisément, le milieu des hauts plateaux de l'Ouest de ce pays. Dans cette région fut découverte l'une des plus grandes industries traditionnelles du fer de tout le continent africain. Les fondeurs de ce pays de savane peu boisé utilisaient des techniques perfectionnées, pour produire un fer de bonne qualité, notamment de l'acier doux au carbone. D'une manière générale, dans ce vaste mouvement de divers courants bantouphones vers l'Afrique australe, hommes, langue et culture se sont déplacés dans le temps et dans l'espace, sans perdre la communauté d'origine. Et outre l'apport du fer, dès leur arrivée en Afrique australe, les Bantous ont aussi cultivé des céréales comme le sorgho, certaines variétés de haricots africains et la banane.

C'est longtemps après, que leurs descendants adopteront les cultures de riz, de maïs, d'arachide, de manioc et de patate. Les Bantous élevaient aussi des bovins, des moutons, des chèvres et des poules. Grâce à leurs travaux agricoles, ils pouvaient vivre en se nourrissant en même temps qu'ils rendaient hommage aux esprits des ancêtres, gardiens de cette terre nourricière. Ainsi, la civilisation bantoue, avant de s'installer en Afrique du Sud, était fondamentalement une civilisation d'agriculteurs et de forgerons. Mais si la poussée des populations bantouphones a commencé au début de l'ère chrétienne, une transition s'est faite par la région du Grand Zimbabwe où les émigrants se sont fixés dans un premier temps.

À Mapoungoukwé, un site connu depuis l'âge de fer, furent découverts sur la rive droite du Limpopo en 1932, de nombreux objets d'art d'une très grande beauté et appartenant à des populations contemporaines des Hottentots et des Bochimans. Il s'agit d'une statuette en or représentant un rhinocéros et des milliers de perles d'or et autres objets plaqués de feuilles d'or. Ces merveilles ont presque toutes été pillées par des explorateurs Boers ou anglais. Et comme souvent, ceux-ci ont d'abord tenté de leur trouver une origine extérieure à l'Afrique. Ils ont longtemps affirmé que ces réalisations ne pouvaient être l'invention de Noirs bantous. Mais leur thèse n'a pas résisté à la datation chronologique au carbone 14. Nous savons avec précision aujourd'hui, que dans cette partie du Sud de l'Afrique - bien avant que furent fondés les royaumes n'gunis et l'empire zoulou - s'étaient érigées quelques civilisations très avancées. Les Bantous avaient d'abord séjourné dans cette région et plus précisément sur le territoire des Ouaklimis. Ceux-ci avaient bâti leur immense capitale sur une longue période, s'étant étalée entre le VII° et le XVII° siècle. Les sujets de ce royaume, nous rapporte le chroniqueur arabe Al-Masoudi :

« *...chassent aussi l'éléphant, pour vendre ses défenses. Ils sont d'un noir de jais, avec des lèvres éversées. Ils se nourrissent surtout de sorgho et de tubercules. Ils sont friands de beaux discours, pieux et très attachés aux devoirs à l'égard des ancêtres. Ils adorent de nombreux dieux, qui sont des animaux ou des plantes, mais vénèrent un dieu suprême du ciel et de la terre. Ils considèrent leur roi comme un dieu, mais n'hésitent pas à le tuer dès qu'il s'écarte de la coutume et du droit.* »

Selon la tradition orale bantoue, ce royaume que décrivait au X° siècle Al-Masoudi, est le Monopota. On y maîtrisait les techniques de construction des pyramides, probablement transmises par les Egyptiens. Le Monopota était connu par les Européens, grâce aux premiers voyageurs arabes et aux navigateurs portugais. Il était organisé comme une monarchie négro-africaine classique. Au début du XV° siècle, le puissant monarque Nzatsimba - qui étendit sa domination sur toute la région - était connu sous le titre de Mwene Moutoupa, qui veut dire roi Moutoupa. Ce nom est à l'origine du mot Monopota. Mais c'est son fils et successeur Matopé qui donnera à cet État une dimension d'empire. Par ses conquêtes, il englobera beaucoup de petits peuples locaux en annexant leurs territoires. Le Monopota a occupé tous les espaces situés entre le désert du Kalahari et la région de

Sofala sur l'océan indien. Les sujets de cet empire, monopolisaient le commerce de poterie, de porcelaine et de perles avec la côte. Ce secteur florissant de leur économie a constitué le principal facteur d'épanouissement de l'empire monopota au XV° siècle. Et jusqu'à sa mort en 1480, l'empereur Matopé maintiendra la plus puissante et stable structure étatique de l'Afrique australe. Mais celle-ci allait totalement se désintégrer par la suite. Après la chute de l'empire monopota, certaines branches bantouphones dont la plus importante, les N'Gunis, ont émigré un peu plus vers le sud. Cette variante ethnique comprend les Sothos, les Tswanas, les Ovambas et les Khosas. Ils ont constitué l'avant-garde de la grande migration.

Les Khosas, après avoir vécu sans doute longtemps au Nord, ont atteint la rivière Mtata vers la fin du XV° siècle. En fait, les émigrants arrivés jusque dans cette région avaient commencé par se diviser en deux grands groupes. Les Sothos ont occupé la majeure partie du plateau, depuis le désert du Kalahari jusqu'à la montagne du Drakensberg qui culmine à 3482 m, et que les Bantous ont baptisée Khahlamba. Quant aux autres émigrants, ils ont pris le couloir côtier pour n'arrêter leur marche qu'à la rencontre des colons européens au XVIII° siècle, dans la région du Natal. La genèse de la future épopée de Chaka et de son empire, aura pour cadre cette région de l'Afrique du Sud que les Boers avaient péjorativement baptisée Cafrerie (ou pays des Cafres) jusqu'en 1688.

Cet endroit était le territoire le plus peuplé du pays. Il comptait de nombreuses cités importantes. Le navigateur portugais Vasco De Gamma, l'avait quant à lui baptisé Natal. Car il passa au large de ses côtes le jour de Noël 1497. Le Natal est délimité par les fleuves Nzimkhulu au Sud et Thukela au Nord. Situé entre la mer et les montagnes il est couvert d'immenses forets où coulent de nombreux fleuves. Cet environnement est idéal pour l'élevage et les récoltes. Il y pleut beaucoup et la terre y est riche. Les vents de mousson en provenance du sous-continent indien arrivent chargés de pluie en été. La montagne du Khahlamba arrête une partie des nuages pour arroser copieusement le couloir côtier. Ce mécanisme naturel est le véritable château d'eau de l'Afrique australe. Vers l'ouest coule l'Orange. Long de 1860 km, il est l'un des principaux fleuves du pays et sert de frontière naturelle avec la Namibie. Grossie de la Galedon, l'Orange se jette dans l'océan atlantique après avoir traversé tout le plateau dans sa largeur. Vers l'est, de nombreuses rivières, presque parallèles, se déversent dans l'océan indien, de la Great Fish au Sud jusqu'aux fleuves Pongolo et Maputo au Nord. Ces cours d'eau ont souvent servi de frontières naturelles. C'est ainsi que la Great Fish et la Great Kei, ont marqué la progression de la colonie du Cap aux dépens du clan des Khosas. Autour de la montagne du Khahlamba la végétation est très abondante.

Les hivers peuvent être rigoureux dans la région mais le climat est en général assez clément. Cette côte offre peu de facilités portuaires, car des bancs de sable en ont toujours rendu l'accès très difficile et occasionnaient de nombreux naufrages. Ceux qui y échouaient, étaient contraints de se fixer sur place par la force des choses ou d'essayer de rejoindre les forts portugais de Sofala sur l'océan indien. La plupart des naufragés décidaient au début de rester dans la région. Ils furent souvent aidés par les populations locales. Beaucoup d'entre eux ont été intégrés dans des familles réceptrices. Tandis que les autres réussissaient à gagner Le Cap.

Pongolo
Baie de
Sainte LUCIE
Mfolozi
FORÊT DE NKANDLA
Thukela
DUKUZA
PORT NATAL
PLATEAU
DRAKENSBERG (KH'AHLAMBA)
OCEAN
INDIEN
Kei
plus de 1800 m
de 1200 à 1800 m
de 600 à 1200 m
moins de 600 m

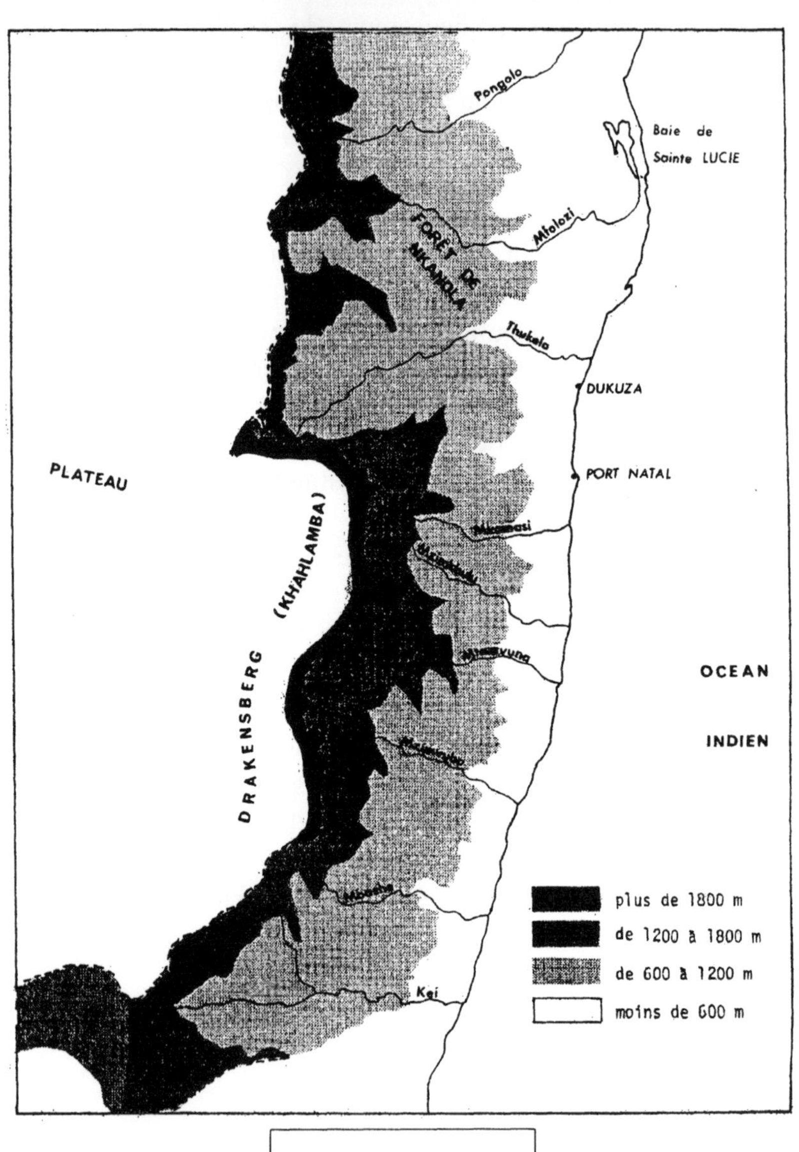

LE RELIEF

Cette situation due à un banal accident de la nature, sera déterminante pour l'avenir de l'Afrique du Sud. Car c'est suite à un de ces naufrages que des rescapés européens ayant réussi à rejoindre la terre ferme, allaient commencer la colonisation du pays. Longtemps avant l'arrivée des Européens, les populations bantouphones ont vécu en paix entre voisins. Ces peuples avaient l'avantage de partager une langue commune. À la suite de leur longue migration due à un accroissement démographique, à la maîtrise des techniques agricoles et métallurgiques, elles ont transposé en Afrique du Sud des entités sociales plus ou moins larges pour perpétuer la vie. Des mythes et des légendes représentent leurs genèses dans le temps et dans l'espace. Quant à leurs idées, leurs croyances et leurs structures sociales, elles furent l'expression vivante d'une organisation imposée par les nécessités de toute longue migration de cette ampleur.

Arrivées en Afrique du Sud, les populations bantouphones se sont divisées en clans. Chaque clan a fini par occuper un emplacement particulier sans se mêler aux autres. Un clan bantouphone était une portion de peuple ayant ses chefs politiques, spirituels, ses juges qui formaient un conseil et sa spécificité, mais adorant les mêmes divinités protectrices que les autres. Le clan, comprenant plusieurs milliers de personnes, était l'unité politique la plus grande chez les bantouphones de l'Afrique du Sud. Au début, dans ces groupes le chef de clan était tout-puissant. Mais s'il devenait par trop autoritaire, on l'abandonnait pour aller chez un autre plus pragmatique. Deux conseils assistaient le chef dans ses fonctions, un conseil restreint et un conseil plus large (ou Assemblée).

Le premier conseil comprenait les confidents du chef. Ils l'aidaient dans ses tâches quotidiennes de gestion matérielle et culturelle du clan. L'Assemblée était composée de tous les chefs subalternes ayant néanmoins quelque importance. On y débattait des problèmes touchant au clan, et tout homme adulte pouvait y participer librement. Le chef pouvait être critiqué au cours des assises de l'Assemblée. Il était considéré comme le symbole de l'unité nationale, bien avant même les confédérations qui verront le jour dans le pays. Ce monarque dirigeait personnellement toutes les affaires religieuses, judiciaires, administratives et militaires. Dans cette configuration ethnosociale de l'Afrique du Sud de la fin du XVIII° siècle, était le clan n'guni des Ifénilenjas. Cette petite tribu bantouphone constituait au début l'entité la plus faible du pays. Pourtant elle est l'ancêtre de la puissante nation zouloue. Pendant longtemps son nom était à peine connu. Seuls les commerçants nomades s'aventuraient sur son territoire. Après avoir vécu dans une grande stabilité et sans conflits, la configuration ethnosociale des clans sud-africains connaîtra de nombreux mouvements de populations. Chaque clan cherchait à fonder un royaume en fonction de ses affinités.

C'est ainsi qu'ils finirent par se disputer la terre, car la population augmentait rapidement et les pâturages devenaient rares entre les montagnes et l'océan. Il devenait de plus en plus difficile d'éviter de se faire la guerre pour occuper des espaces. Mais les conflits armés étaient peu nombreux et relativement peu meurtriers. Dans la tradition des N'Gunis, ces conflits se réduisaient souvent en un combat singulier entre les deux hommes les plus combatifs de chaque camp. Quelques fois les clans opposaient leurs armées. Mais la bataille cessait dès que l'une d'elles reconnaissait sa défaite. Les populations civiles n'étaient pas concernées par ces conflits. Les femmes et les enfants n'hésitaient pas à se déplacer sur les champs de bataille, pour encourager leurs clans respectifs.

Cependant, ces affrontements allaient commencer à s'intensifier dès les années 1780. Les populations locales perfectionneront de plus en plus leurs moyens et méthodes de combat. C'est ainsi que les guerres tribales se firent plus violentes. Les chefs de clans victorieux, au lieu de se contenter des terres conquises et d'une reconnaissance, obligeaient les vaincus à accepter une position de subordination. Certains facteurs essentiels sont à l'origine de cette évolution, tels qu'une explosion démographique aggravée par un faible taux de mortalité. Car des méthodes médicales de plus en plus efficaces permettaient de guérir de nombreuses maladies de l'époque. Le taux de natalité était croissant du fait de la précocité des mariages et de la polygamie. Ainsi, pour nourrir toutes ces populations, les clans n'avaient plus d'autres choix que de se faire la guerre. Très vite quelques grandes figures ont émergé de cette mêlée. Elles fonderont chacune un royaume, voire une confédération, en englobant des clans vaincus. Les Swazis du chef Sobhuza, les Ndwandés de Zwidé et les Abatetwas du roi Jobé s'imposeront comme principales forces du pays. Zwidé ne pouvant tolérer la concurrence, réussira à battre et à chasser Sobhuza qui se repliera au centre du Swaziland.

Les deux royaumes qui allaient donc s'organiser pour s'installer durablement, étaient les Abatetwas et les Ndwandés, avec un léger avantage pour les premiers. Ces deux royaumes mettront sur pied des structures fortes et très centralisées. Dans un esprit d'unification, ils ont rassemblé autour d'eux en une confédération économique et politique les clans les plus faibles, pour leur offrir assistance et protection. Dans la tradition des peuples d'Afrique du Sud l'esclavage n'existait pas. Malgré plusieurs tentatives, les Portugais ne réussiront jamais à y imposer leur ignoble trafic. Les chefs africains des différentes confédérations, assimilaient les prisonniers de guerre dans les sociétés locales ou les relâchaient contre rançon de bétail. Ce sont les colons européens installés au Cap qui, dès la fin du XVII° siècle, ont importé massivement des esclaves du golfe de Guinée, de Madagascar, d'Angola et de Java.

Au début du XIX° siècle, la plupart des clans localisés aux abords immédiats du fleuve Mfolozi Mhlophé, étaient donc placés sous la protection de Jobé, chef du puissant clan des Abatetwas ou de celle de Zwidé, roi des Ndwandés. Les Abatetwas étaient un peuple de guerriers. Leurs voisins sédentaires, comme les IféniIenjas, monopolisaient dans la région le commerce du tabac et du bois sculpté. Sous l'autorité de Jobé, monarque fédérateur, le roi Senza N'Gakona dirigeait le clan des Ifénilenjas. Il est le père de Chaka futur conquérant et bâtisseur de l'empire zoulou. Senza

N'Gakona est le fils de Jama et de Mtaniyana. Son royaume adossé au fleuve comptait à peine 4 000 habitants. Un clan aussi petit ne pouvait être puissant dans cette région du Natal. Il connut plusieurs défaites contre ses voisins, notamment bouthelezis. Et ce, dans des guerres dues aux conditions à la fois sociologiques et démographiques propres à la région. Respecté, mais un peu trop libertin, Senza N'Gakona aurait séduit, contrairement à la morale que lui imposait son rang, Nandi, une belle et pulpeuse danseuse de Mantchocho. En langue zouloue Nandi veut dire délicieuse. Et de cette relation naîtra un fils dont l'histoire se souviendra des siècles durant. Beaucoup de détracteurs de Chaka ont insisté sur le fait que cet enfant était un bâtard frustré. L'argument permet de mieux dénigrer le souverain zoulou et d'en dévaloriser l'œuvre. Pourtant il s'agit là d'une grossière contre-vérité.

On ne trouve pas trace de cette « bâtardise » dans le fabuleux travail effectué par le fonctionnaire anglais James Stuart. Cet homme s'est rendu chez les Zoulous, entre 1902 et 1922, pour recueillir des récits de la tradition orale et des chants de louanges. Il a constitué un immense *corpus* littéraire contemporain, qui passe pour l'un des plus fiables de l'histoire de l'empire de Chaka. Selon la tradition zouloue, l'histoire de « Chaka bâtard » est une invention des épouses frustrées de Senza N'Gakona. Le roi n'guni était obsédé par l'idée de mourir sans laisser d'héritier mâle. Aucune de ses quatre épouses ne lui en avait donné jusqu'alors. Elles étaient toutes soupçonnées de porter un mauvais sort qui les empêchait d'avoir un garçon.

Comme dans la plupart des monarchies, pour assurer une descendance qui conserve son patrimoine (sujets, richesses, terres) et la transmission de son nom, le souverain doit laisser au moins un héritier mâle. Senza N'Gakona décida de prendre une nouvelle épouse. S'il venait à mourir, disait-il, allait s'éteindre une longue et prestigieuse lignée royale avec l'amputation d'une grande partie de son patrimoine. En fait l'argument est quelque peu fallacieux. Car si Senza N'Gakona n'avait que quatre épouses officielles et légitimes, il n'en comptait pas moins des dizaines de concubines. Longtemps après la chute de l'empire zoulou, on ne cessera de compter les descendants de ses enfants conçus hors des liens du mariage. Pour autant, le roi n'guni eut l'idée d'organiser une fête au cours de laquelle il pourrait rencontrer l'heureuse élue. C'est ainsi que son attention fut attirée par la belle Nandi. Cette ravissante créature venait du village de Quobé, une des rares dépendances de son petit royaume. La jeune fille, disait-on, exécutait à merveille la danse du Manchocho. Cette grâce fragile mais animée d'une grande force de caractère, rivalisait aussi avec les garçons dans les chants et le battement de rythme par les mains. Avec un visage mi-cuivré, de type peul, élégante et très élancée, Nandi monopolisa tous les regards des hommes. Ceci n'était pas sans aiguiser la jalousie des femmes.

Au beau milieu des festivités, des boissons fermentées furent servies après les danses et les chants. Ceci permit de mieux réchauffer l'ambiance. Cette phase de la fête était celle du *Rapprochement*. C'est à ce moment que les hommes avaient l'autorisation d'aller inviter les femmes. Ensuite arrivait le *Temps des promesses*. Passant outre les exigences de son rang, Senza N'Gakona se mêla aux garçons pour courtiser la belle Nandi. Au cours du *Temps des promesses* on se livrait au *Kana*. L'exercice consistait à déployer tout son charme pour se mettre en valeur, en racontant des exploits notamment guerriers. Les garçons rivalisaient généralement de talent oratoire, pour promettre toutes les merveilles du monde à la désirée. L'aboutissement de tout ceci était bien sûr le mariage.

Au cours de ces séances intimes, furent composés de beaux poèmes encore récités ou chantés chez les Zoulous. Les jeunes N'Gunis profitaient également de cette occasion pour soigner leur timidité. Les peuples sud-africains accordaient à cet exercice des vertus thérapeutiques efficaces. Bien que souverain régnant, Senza N'Gakona s'y donna à cœur joie. Il réussit même son examen de passage et probablement, par des promesses sous couvert de « raison d'État ». La jeune et ambitieuse Nandi avait sans doute été flattée, par les arguments nobles et patriotiques d'un monarque sans héritier mâle pour « sauver le royaume ». Dans ce type de démonstration, l'attitude d'un monarque régnant ne différait guère de celle d'un roturier. Toutefois, la loi n'gunie interdisait toute relation sexuelle hors du mariage. Elle n'était tolérée qu'avec des concubines officiellement reconnues par le Grand Conseil. Il est probable que dans les jours qui suivirent, le roi ait entretenu une liaison secrète avec Nandi. Mais nulle source sérieuse ne peut dire jusqu'où. Le roi avait plusieurs fois rencontré Nandi en secret. Mais il avait officiellement promis d'épouser la jeune fille. Cependant, Senza N'Gakona était convaincu que les compagnes de Nandi étaient au courant de leurs différentes rencontres.

Ceci ne le rassurait guère car s'il était soupçonné d'avoir eu des relations sexuelles avec la jeune fille, même sans preuves, la loi n'gunie prévoyait la peine de mort. Celle-ci s'appliquait aux amants mais aussi à toute personne ayant été au courant de l'affaire. Ce « crime » aux yeux du Grand Conseil, était de nature à corrompre la moralité des jeunes générations et de dégénérer la race. Chez les N'Gunis, l'adultère et l'inceste étaient aussi des déshonneurs punis de mort par le Grand Conseil des sages. Et nul n'y échappait, du simple sujet au monarque régnant. Senza N'Gakona tint ses promesses. Il envoya très rapidement des émissaires auprès de la famille de Nandi.

Ceux-ci portèrent une dot d'une cinquantaine de têtes de bétail, pour demander officiellement la main de la jeune fille. Peu après, Nandi fut reçue à la cour comme la cinquième épouse du souverain. Quand elle tomba enceinte, elle fut autorisée à retourner dans sa famille. C'est auprès des siens, qu'elle accouchera d'un garçon bien portant et qui vint au monde en août 1790. À la naissance de ce premier héritier mâle du royaume n'guni, des messagers vinrent annoncer à Senza N'Gakona la nouvelle en ces termes :

« - Un fils est né de toi. C'est un « Bœuf destiné aux vautours ».

Très heureux, le souverain dépêcha à son tour un envoyé auprès de son protecteur Jobé, roi des Abatetwas, pour lui transmettre ce message :

« - Il t'est né un mâle qui sera berger de tes troupeaux. Un précieux guerrier qui luttera dans tes expéditions et qui sera le premier après toi en puissance. »

Jobé entouré de ses fils, leur commanda d'écouter attentivement. Ensuite, il prononça ces paroles à leur intention :

« - Je suis bien heureux, leur dit-il, de ce que le messager de Senza N'Gakona vient de me rapporter. Puisse l'enfant qui est venu au monde, croître et devenir un homme. Il sera alors votre vassal et guerrier dans vos armées. Trop âgé aujourd'hui, je ne serai certainement plus de ce monde, quand il vivra à vos côtés. »

En fait, on ne saura sans doute jamais si Chaka a été conçu peu avant ou peu après le mariage de ses parents. Mais il était bel et bien reconnu comme un enfant légitime du roi Senza N'Gakona. Après la naissance de son fils, Nandi craignait la réaction de ses co-épouses. Elle décida de confier provisoirement l'enfant à sa famille maternelle au village de Quobé. Car cette naissance allait être l'enjeu d'un conflit silencieux mais d'une haine brûlante entre elle et les autres femmes de son époux. Celles-ci étaient réputées pour leur pouvoir et pour un incomparable flair à détecter et à recruter les plus talentueux sorciers du royaume. Les peuples descendants des Bantous étaient de grands spécialistes de la sorcellerie et des médecines traditionnelles. Ceci pouvait s'expliquer en partie par un environnement favorable où poussait une infinie variété de plantes médicinales. Outre leurs guérisseurs, réputés les meilleurs de l'Afrique du Sud, ces sorciers puisaient largement dans ce patrimoine pour proposer toutes sortes de potions « magiques » réelles ou supposées. Elles allaient de celles qui pouvaient mettre les ennemis en déroute à d'autres, plus inoffensives, pour se faire désirer et provoquer des ravages dans la gent féminine. Une autre légende prêtait également aux sorciers n'gunis le don de pouvoir communiquer avec les morts et les divinités. Aussi, dans le doute Nandi était plus rassurée, en sachant son fils loin des intrigues de la maison royale. La tradition n'gunie voulait que même hors du royaume, les enfants du monarque soient totalement pris en charge par les deniers du clan. Régulièrement, des envoyés de Senza N'Gakona faisaient parvenir au village de Quobé des bœufs et des chèvres pour assurer au jeune prince ce que les N'Gunis appelaient la « nourriture de l'enfant ». Pendant ce temps Nandi restait auprès de son mari.

Au début, elle était très respectée et traitée comme une vraie reine, mère du seul héritier mâle du royaume. Elle n'a pris le chemin de l'exil, qu'après 6 ans de vie commune avec Senza N'Gakona. Nandi aura même un deuxième enfant avec son mari. Une fille à qui le roi n'guni donna le nom de Nomchoba et qui sera la seule sœur de Chaka. Car Nandi aura par la suite un autre garçon, Ngwandi, demi-frère de Chaka et dont le père Gendeyana était un modeste roturier. A deux mois, l'enfant de Nandi fut présenté au souverain qui lui donna le nom de Chaka. Durant le séjour de la jeune femme au royaume de son époux, le souverain l'autorisait à assister aux séances du conseil. Mais, aussi insouciante que provocante, elle profitait de l'occasion pour s'opposer aux hommes.

Elle affichait ouvertement un certain mépris pour leur rhétorique stérile. Ceci amusait beaucoup Senza N'Gakona. Pourtant, lors de ces débats et sans y accorder trop d'importance, Nandi s'était dangereusement aliéné les conseillers les plus influents de son mari. Plus tard, ceux-ci choisiront le camp de ses co-épouses, pour la faire chasser du royaume. Car les choses allaient prendre une tournure inattendue. Peu de temps après le départ du bébé de Nandi, trois des épouses de Senza N'Gakona tombèrent presque simultanément enceintes. Et, contre toute attente, elles accoucheront par la suite d'enfants mâles. Le premier, fils aîné de la grande épouse, prit le nom de Bhakuza. Les autres se nommeront respectivement Singujana, Dingane et Mlhangane. Beaucoup plus tard, naîtra également un autre garçon, M'pandé, qui se fera discret mais jouera un grand rôle dans l'histoire de l'empire zoulou. C'est seulement après la naissance des trois premiers garçons que les autres épouses du souverain, plus anciennes dans la maison royale, commencèrent à contester l'ordre de préséance dans la succession. Chez les N'Gunis, l'héritier direct du père n'était pas vraiment le premier enfant mâle de la famille. C'était le premier mâle des enfants de la grande épouse. Bien que Nandi ait donné à Senza N'Gakona un premier fils, elle n'en était pas pour autant la grande épouse.

Mais dans cette même tradition n'gunie le roi se réservait aussi le droit de changer à tout moment l'ordre de succession. Les sages du clan, manipulés par les autres femmes du souverain, demandèrent à Senza N'Gakona d'écarter Nandi et son fils. Les co-épouses ont exigé du roi qu'il la bannisse à jamais et que son fils soit déshérité au profit de Bhakuza. La mère de celui-ci Mkhabi, était la grande épouse. À l'appui de leur exigence, elles brandissaient la menace de révéler au peuple l'existence de sa liaison avec Nandi et qui serait antérieure à leur mariage. Les femmes de Senza N'Gakona menaçaient également, si le conseil restait impuissant, de porter l'affaire devant Jobé le tout-puissant monarque fédéral. Seule cette autorité avait réellement un pouvoir sur le souverain n'guni.

Senza N'Gakona finit par comprendre qu'une telle démarche signifiait sa mise à mort, mais aussi celle de Nandi et de ses compagnes, pour complicité. En fait, bien que jouissant d'un certain prestige dans le pays, le roi n'guni n'avait pas le charisme d'un grand monarque. L'homme n'était pas non plus animé de grandes ambitions. Il était de ceux que le destin peut porter accidentellement à une position élevée, mais qui se contentent ensuite de regarder passer l'histoire. Senza N'Gakona devait céder sous une pression devenue quotidienne et de plus en plus menaçante. Il chassa Nandi et consentit à déshériter son fils Chaka. Pourtant, il ne rendit jamais officielle cette décision. Il oubliera, volontairement ou non, d'informer Jobé du nouvel ordre de succession. Chaka restait donc de fait et légalement, le seul héritier du trône. Les épouses du roi ayant probablement saisi la subtilité, pensaient qu'elles ne seraient définitivement tranquilles qu'avec la mort de Nandi et de son fils. Elles s'employèrent habilement à faire circuler une rumeur selon laquelle Chaka était un enfant du pêché. Ceci finira par trouver écho jusqu'au village où s'était réfugiés Nandi et son fils. Comme tous les garçons de son âge Chaka avait commencé par être berger. Il gardait des chèvres et des moutons puis des bovins à partir de l'âge de six ans. Cet apprentissage faisait partie de l'éducation de tous les enfants mâles, du fait de l'importance du bétail dans les sociétés n'gunies. Les enfants entraient dans la vie en apprenant à veiller sur le bétail, à lui donner à boire et à manger tout en le protégeant des prédateurs.

Chaka fut l'objet d'un déchaînement de haine et de violence injustifiées. Victime de la rumeur savamment répandue par les femmes de son père, il souffrait le martyre. Il était brimé et opprimé par les garçons de son âge. Mais ceci allait forger chez lui un formidable esprit de résistance et de battant. Cet être étonnant décidera de faire face. Il finira par vaincre tous ses adversaires, au cours des différentes embuscades que ceux-ci avaient l'habitude de lui tendre. Chaka allait ensuite forcer l'admiration de tout le clan en tuant un dangereux prédateur. Un jour où le jeune N'Guni conduisait ses bêtes, un lion pénétra dans un Kraal. Chez les N'Gunis, le Kraal était une grande habitation bâtie dans un enclos circulaire comportant en son centre un endroit où l'on enfermait le bétail.

Un lion réussit comme souvent à emporter une jeune bête. Alertés, les hommes du village décidèrent d'aller affronter l'animal. Ils se mirent à marcher en direction du fauve. En formation compacte, serrés les uns contre les autres, les villageois pensaient déstabiliser l'animal. Car face à cette tactique, le lion serait probablement embarrassé par le choix d'une proie. Cette éventuelle hésitation au moment de l'attaque du fauve, suffirait sans doute aux villageois pour le prendre en défaut. Mais au premier rugissement du fauve les hommes prirent la poudre d'escampette. Tous les villageois se mirent à courir, poursuivis par le lion. La bête réussit à en saisir un. Personne n'eut le courage de venir au secours de ce malheureux, qui fut tué sur le coup. De loin, Chaka avait assisté à toute la scène. Il décida de faire face au lion. Calme et déterminé, il se mit debout pour le provoquer. Le fauve prit son élan avant de bondir sur sa nouvelle proie. Chaka savait qu'il n'aurait pas le dessus dans un combat au corps à corps contre un félin aussi agile et imprévisible. Il profita de l'instant où l'animal était en l'air, pour amorcer une esquive avant de lui enfoncer sa lance en plein cœur.

Le jeune N'Guni redouta un instant la possible réaction de l'animal simplement blessé. Mais le lion retomba lourdement sur le sol, pour mourir dans un rugissement terrifiant. Il retira sa sagaie et envoya chercher les hommes du village, pour leur faire constater la mort du fauve. Mais la plupart d'entre eux toujours apeurés, restèrent honteusement cachés. Chaka ne put compter que sur quelques rares garçons et des jeunes filles du village, pour l'aider à transporter le fauve sur la place publique. Ensuite, la dépouille du lion fut présentée à Senza N'Gakona. L'homme était fier et rempli d'une joie secrète, à l'idée que son fils puisse entrer aussi vite dans la légende des héros n'gunis. Il offrit la dépouille de l'animal au chef de la confédération, ceci pour respecter une vieille tradition, en signe d'allégeance à Dinguiswayo nouvellement couronné et à qui l'on avait déjà rapporté l'exploit de Chaka.

Les Jeunes filles du village composèrent de belles chansons à la gloire du jeune héros. Elles entonneront toujours ces airs, en passant à proximité de lieux où étaient rassemblés des hommes. Elles s'en donnaient à cœur joie avec des rires un brin provocateurs. Par la suite, ces filles allaient rivaliser d'astuce et de charme, pour attirer l'attention de Chaka. Presque toutes rêvaient de l'avoir pour époux. À leurs yeux, ce jeune homme était le meilleur guerrier n'guni. Car les exploits réalisés par les hommes du clan l'avaient toujours été contre des humains. Chaka lui, avait osé affronter seul un fauve réputé parmi les plus dangereux. Tous les hommes du clan furent vexés par cet exploit. La situation leur devenait de plus en plus insupportable. Dans un réflexe solidaire ils firent répandre une histoire invraisemblable selon laquelle, ce garçon n'était pas un humain. Car avant lui aucun guerrier du royaume n'avait affronté et vaincu seul un lion. Ils affirmaient que du mariage officiel entre Senza N'Gakona et Nandi, à la naissance de l'enfant, il ne se serait pas écoulé une période de 9 mois. Ils en déduisaient donc, que le jeune N'Guni était un être surnaturel.

Pour eux, Nandi, la mère de Chaka, était une sorcière. Elle aurait bénéficié des services d'un magicien féticheur, pour charmer le roi Senza N'Gakona. L'homme aurait procédé à des sacrifices humains, pour lui donner satisfaction. Par conséquent, l'enfant né d'une telle femme ne pouvait être normal et égal à un guerrier ordinaire. Il était doté d'une force et d'un courage supérieurs à ceux d'un simple mortel. Ceci expliquait que Chaka ait pu affronter et vaincre tout seul une bête féroce. De nombreuses histoires du même cru circulaient dans cette société superstitieuse. Elles étaient toujours colportées par les hommes. En outre, selon la rumeur, Chaka était béni et protégé par une *Tikoloshi*, c'est-à-dire une divinité matérialisée par un serpent géant. Cette créature surnaturelle, messagère des ancêtres, était venue lui offrir aide et protection. Pendant que Chaka se baignait un matin dans le fleuve Mfolozi Mhlopé, elle aurait surgi du fond de l'eau pour s'enrouler autour de lui en le léchant de la tête aux pieds. Et tout ceci se serait déroulé sous les yeux de sa mère Nandi. C'est ainsi que durant des jours, le village de Quobé fut plongé aux entrailles de la mythologie africaine.

Les hommes n'étaient pas au bout de leurs humiliations. Car un autre incident allait survenir au village de Quobé. En Afrique du Sud, les prédateurs étaient légion. L'attaque des troupeaux et des hommes n'était pas l'exclusivité des lions. D'autres bêtes féroces y sèment depuis toujours la terreur. L'un de ces redoutables prédateurs est l'hyène. Cette créature, qui non seulement attaquait le jour, mais aussi la nuit, n'hésitait pas à pénétrer dans les cases pour enlever des habitants endormis. Nul n'était vraiment épargné. Malgré la vigilance des gardes attachés à sa sécurité, la reine du clan des Bassoutos fut un jour enlevée et dévorée par une hyène. Généralement ce n'est que le lendemain que les populations réagissaient aux dégâts causés par cette bête. Dans la nuit, avant l'arrivée des armes à feux, il ne se trouvait pas un seul villageois suffisamment téméraire pour tenter de combattre un tel fauve. Au petit jour, les villages étaient le théâtre de spectacles indescriptibles. Les femmes pleuraient un mari, un enfant ou d'autres membres de la famille emportés par une hyène. Un soir, une de ces bêtes pénétra dans une habitation du village de Quobé, pour enlever une jeune fille.

Les hommes présents étaient soit profondément endormis ou avaient choisi de faire semblant de l'être. Malgré les cris de la malheureuse, personne n'osa bouger. Une certaine légende peu crédible, rapporte, que le prince héritier du trône de Senza N'Gakona, Bhakuza, était présent. Paralysé par la peur, il aurait choisi de ne pas entendre, plutôt que de voler au secours de la jeune fille. Vu l'inimitié entre Chaka et ses demi-frères, il parait peu vraisemblable que ceux-ci aient pu se trouver à passer la nuit au même endroit. Cependant, Chaka dormait bel et bien dans une case du village. En entendant les cris de la jeune fille, il se dressa pour alerter les hommes. Mais sans attendre leur réaction, il bondit hors de la case.

Les villageois entendaient la voix de la jeune fille qui disait : « elle me porte, elle me dépose ». Elle respectait ainsi les consignes données dans ces cas-là. Ceci permit à Chaka de repérer l'animal transportant sa proie. Il fonça avec sa lance pour frapper brutalement le fauve au niveau du cou. Celui-ci lâcha sa prise. Un deuxième coup devait l'achever sous les acclamations des rares hommes qui avaient fini par le suivre. Mais ils s'étaient toutefois arrangés, pour arriver après le début du combat. Ensuite, Ils aidèrent Chaka à relever la jeune fille qui fut conduite auprès des guérisseurs du village pour être soignée. Dès lors, le petit berger méprisé fut consacré *Manipoli,* c'est-à-dire chef de tous les bergers du royaume pour sa bravoure. Cette célébrité allait encore mobiliser ses ennemis, notamment les femmes du roi Senza N'Gakona qui craignaient son retour. Les co-épouses de Nandi se mirent à échafauder mille et un scénarios pour se débarrasser traîtreusement de Chaka et de sa mère. C'est à ce moment-là que le roi Dinguiswayo, successeur de Jobé, mort en 1800, envoya un messager à Senza N'Gakona :

« - Mon maître, dit le messager, te fait saluer. Il te fait dire ceci : naguère tu fis part à mon père Jobé, de la naissance chez toi d'un fils. Ce bœuf destiné aux vautours doit avoir grandi. Il est donc temps qu'il fasse la connaissance de son suzerain. Alors quand donc m'enverras-tu cet enfant, que je voie son visage et que je fasse sa connaissance ? Mon Maître te remercie vivement pour l'animal que tu lui as fait porter. Cela est un grand honneur. Aussi, pour te témoigner en retour sa reconnaissance, il me charge de te dire d'envoyer Chaka vers lui chercher le veau dont en retour il aimerait te faire cadeau. »

Senza N'Gakona fut surpris par ce message et resta un moment sans réaction. Quant aux co-épouses de Nandi, elles retenaient leur souffle, car la situation prenait une tournure inattendue. Ceci risquait de grandement contrarier leurs projets. Cette démarche imprévue de Dinguiswayo, allait sauver Chaka. Car les comploteuses redoutaient le châtiment que leur réserverait le puissant monarque abatetwa si elles mettaient leur sinistre dessein à exécution. Nul n'ignorait que le chef de la confédération des clans n'gunis avait été impressionné par les exploits du fils de Nandi. Par l'indiscrétion de certains de ses conseillers, tout le monde savait qu'il avait la ferme intention de l'imposer à la succession de son père, si celui-ci venait à mourir. Et en attendant, Dinguiswayo rêvait d'enrôler un guerrier de la trempe de Chaka dans ses armées. Il avait certes des chefs de guerre courageux et loyaux. Mais il n'estimait pas leur valeur à la hauteur de ce jeune N'Guni sans expérience certes, mais qui avait déjà fait tant parler de lui. Dinguiswayo ignorait, à ce stade de l'histoire, que Chaka serait le produit de sa conception. Le garçon avait dès son jeune âge l'étoffe d'un héros. Mais sans l'éducation et la chance de se réaliser que le souverain abatetwa lui donnera par la suite, personne n'aurait sans doute jamais entendu parler de lui. Peu de temps après les événements de Quobé, un messager vint annoncer à Dinguiswayo que les fils de Senza N'Gakona avaient étranglé Chaka au cours d'une embuscade et avec l'accord de leur père. En réalité, Senza N'Gakona ignorait que ses fils étaient partis combattre Chaka au village de Nobomba. Quand il arriva en compagnie de ses épouses sur les lieux, il trouva ses fils étendus, vaincus et humiliés. Ceux-ci avaient tous rêvé d'affronter leur indésirable demi-frère pour démystifier sa légendaire combativité. Mais tous avaient perdu et s'étaient ridiculisés.

Pris de rage devant un spectacle aussi lamentable pour son clan, Senza N'Gakona aurait demandé à ce que l'on tue Chaka sur-le-champ. Mais le jeune N'Guni réussit miraculeusement à s'échapper. Ne se sentant plus en sécurité, il décida de quitter le village pour s'enfoncer dans les bois. Quant à Dinguiswayo qui avait espéré voir venir Chaka, infligea à Senza N'Gakona une amende en bétail. Il lui fit intimer aussi l'obligation de lui ramener le jeune N'Guni vivant. Prévenu de cette décision, après avoir longtemps erré dans les environs du territoire des Abatetwas, Chaka décida finalement de s'y rendre. On disait du peuple abatetwa qu'il avait le royaume le plus puissant du pays. Mais leurs guerriers étaient devenus oisifs et fainéants. Ils s'étaient endormis sur leurs lauriers jusqu'à l'arrivée de Dinguiswayo au pouvoir en 1800, après la mort de Jobé. De son vrai nom Godongwana, il était l'un des fils du roi des Abatetewas. L'homme aurait aidé son frère Tana, prince héritier du trône, à éliminer son père qui tardait à mourir. Mais Jobé, bien que vieillissant, gardait bon pied bon oeil. Quand il eut vent du complot, il décida de devancer ses deux fils. Il leur envoya ses gardes du corps un soir où les princes étaient endormis. Tana fut tué, mais Godongwana réussit à s'enfuir hors du royaume. Blessé, il trouva refuge chez le roi des Hlubis, qui lui accorda le traditionnel droit d'asile. C'est pour passer inaperçu qu'il prit le nom de « Dinguiswayo l'exilé ». Quelques historiens ont tenté d'expliquer le génie organisationnel de Chaka par l'influence d'un mystérieux « homme blanc ». Entre le Dr Cowan de Fynn envoyé en mission par le gouverneur de la colonie du Cap et le Portugais de Sir Theophilus Shepton, on nage en pleines spéculations douteuses. Car ces auteurs ont tout simplement joué dans la confusion.

C'est Dinguiswayo, protecteur de Chaka, qui avait rencontré un voyageur européen durant son exil. Mazisi Kunene, à partir de la mémoire zouloue, parle de la rencontre entre Dinguiswayo et « la créature sans manière » ou encore du « porc venu de la mer ». Celui-ci fut tué par les Qwabés qui ont confirmé dans leurs récits que l'homme était bien un Européen. C'est après cela que Dinguiswayo se serait emparé de son fusil et de son cheval pour rentrer au village. Il impressionna tous les Abatetwas qui n'avaient jamais vu une arme à feu et un tel animal domestiqué. Sous l'effet de surprise et d'admiration, les forces abatetewas ne réagirent pas au retour de Dinguiswayo. Celui-ci profita de la situation pour éliminer son frère Mawewe, récent successeur du roi Jobé qui avait enfin décidé de rejoindre ses honorables ancêtres. Dinguiswayo a bel et bien rencontré un Européen durant son exil. Mais il n'est fait mention nulle part de relations suivies avec ce dernier qui auraient pu influer sur son attitude future. Il n'a donc pas pu transmettre de prétendues « valeurs européennes » à Chaka. Après avoir pris le pouvoir, Dinguiswayo entreprit de changer les mentalités. Le nouveau monarque abatetwa décida de motiver ses sujets. Il créa des villages d'artisans dont les uns se spécialisaient dans le tannage des peaux d'animaux tandis que dans les autres, les artistes les plus doués du royaume sculptaient le bois et travaillaient la corne. Dinguiswayo développa l'esprit de compétition chez les Abatetwas, en décernant chaque année des récompenses aux meilleurs dans leurs disciplines respectives. Plus tard, il étendit ce principe aux cultivateurs. C'est ainsi que Dinguiswayo réussit, au début de son règne, à mobiliser les Abatetwas pour des entreprises de grande envergure. Il fera aménager une bonne route jusqu'à Delagoa capitale commerciale de la région, ce qui permit à ses sujets d'écouler plus facilement leurs productions. L'une des préoccupations de Dinguiswayo était le commerce avec les Européens de Delagoa. Grâce à son action dynamique dans ce sens, la confédération a pu développer son commerce extérieur, contrairement à la période précédente. Les Abatetwas commerçaient sur une grande échelle avec les

Européens. Ils leur échangeaient des bœufs et des défenses d'éléphant contre des perles, des couvertures et de l'artisanat traditionnel. Les sujets de Dinguiswayo et leurs voisins confédérés ont ainsi connu pendant longtemps une certaine prospérité, contrairement aux clans soumis à Zwidé et uniquement préoccupés à se faire la guerre.

Dinguiswayo se souciait également de la répartition du pouvoir économique et politique dans le pays entre les différents clans n'gunis. Comme sous son père Jobé, les Abatetwas devaient aussi garantir la sécurité à tous les peuples confédérés, Dinguiswayo commença donc par renforcer l'armée régulière mise sur pied par son père. Il la soumit à un entraînement dur et efficace, pour la rendre opérationnelle en vue des campagnes qui ne manquaient jamais de les mobiliser. Ensuite, alternant persuasion et coups de force, il réussit à imposer sa loi à une trentaine de clans. Tous furent intégrés pour agrandir la confédération n'gunie. Dinguiswayo était un souverain peu ordinaire. Monarque éclairé, il était très actif en politique étrangère, cherchant à nouer des alliances avec des royaumes contrôlés par Zwidé. Son principal objectif, bien avant Chaka, était d'unifier clans et tribus voisins mais par la persuasion morale. Si celle-ci échouait, il utilisait la force. L'homme était donc un fin diplomate, mais pouvait se montrer dur quand il le fallait, surtout en cas de forte résistance de l'adversaire. Dinguiswayo organisait souvent des campagnes de dissuasion, au cours desquelles il faisait parader ses régiments d'élite chez les Dlamanis, les Khumalos et d'autres clans. Il s'agissait généralement d'expéditions qu'il qualifiait de pacifiques. Le souverain abatetwa pensait prévenir en faisant manœuvrer ses régiments les plus réputés sur les territoires voisins soumis ou volontairement ralliés à sa confédération. C'était une manière de montrer sa puissance pour décourager d'éventuelles rebellions, autrement dit, montrer sa force pour ne pas avoir à s'en servir. Ainsi, il a réussi à maintenir une certaine paix à couteaux tirés certes, dans cette région anarchique, mais sous forme de coexistence relativement pacifique entre nombre de clans comme les Sokhulus, les Msanés et ses Abatetwas. Un grand brassage de populations s'opérait à l'intérieur de sa confédération.

Bon administrateur, Dinguiswayo accordait une large autonomie économique et politique aux royaumes confédérés. Cependant, les principaux chefs de clans, suffisamment puissants pour éviter la soumission, n'étaient pas prêts à céder une parcelle de leurs pouvoirs au souverain abatetwa. Certains d'entre eux opposèrent une fin de non recevoir à sa politique de persuasion morale. Ceci aggravait le climat conflictuel et la grande insécurité qui régnaient dans le pays. Le monarque moderne qu'était Dinguiswayo, dirigeait un système associant largement les populations aux décisions de sa cour. Dans sa confédération, il avait introduit un jeu d'alliances politiques qui dépassait le cadre de la famille royale. Le pouvoir chez les Abatetwas reposait sur une communauté d'intérêts et non sur l'appartenance à la famille régnante. Par contre, chez son voisin n'dwandé le souverain se trouvait à la tête d'une monarchie absolue. Il régnait sur une confédération où les roturiers (*Abatukazanas*) étaient nettement séparés et écrasés sous les privilèges des nobles (*Abendlunkulus*). Le pouvoir y était sacré et toute contestation de l'ordre établi exposait son auteur à la sanction suprême. Dinguiswayo, quant à lui, négociait souvent l'adhésion des royaumes voisins pour les intégrer dans sa confédération à des fins politiques. Par contre, Zwidé n'était motivé que par les razzias dans le seul et unique but de s'enrichir. L'accroissement du bétail et les rançons payées par les populations vaincues constituaient les raisons essentielles pour lesquelles il faisait la guerre. Zwidé avait la réputation de toujours attaquer les royaumes ou principautés plus petits pour les piller. Sans en être un officiellement, il avait le comportement des princes bandits. On nommait ainsi les seigneurs de la guerre qui vivaient du pillage des communautés sédentaires.

Ces pirates recrutaient leurs compagnons, parmi les membres de familles régnantes qui avaient rompu avec leurs clans pour diverses raisons. Ils comptaient aussi dans leurs rangs de nombreux aventuriers. Des mercenaires venus de partout et que le simple appât du gain attirait, se battaient dans les armées de Zwidé sans aucun autre but. Ces professionnels de la razzia ne se fixaient jamais et parcouraient le pays en évitant d'attaquer les royaumes forts. L'originalité de Zwidé était d'être à la tête d'une confédération aux apparences respectables, mais de continuer à se comporter comme un prince bandit. Il était l'un des principaux responsables de l'anarchie qui régnait dans le pays. Tout le monde avait conscience que cette situation d'insécurité permanente ne pouvait s'éterniser.

Chacune des sociétés n'gunies était comme une structure sociale hiérarchisée. Les relations entre clans étaient essentiellement basées sur des alliances ou des soumissions. Les clans dirigés par des notables étaient placés sous le commandement d'un monarque fédérateur. Cette autorité, clef de voûte de l'organisation, passait soit pour un sage comme Dinguiswayo, soit il était un véritable dictateur et commandant en chef comme Zwidé. Celui-ci terrorisait son camp mais constituait aussi une menace permanente pour les autres. Tout un réseau de dépendances animait les structures pyramidales complexes des deux confédérations du moment. À charge pour l'unité centralisatrice de l'ensemble de maintenir la cohésion et les relations entre clans dans le respect de la spécificité de chacun. Mais toute forme d'unification n'était que de façade, car les guerres inter-ethniques et inter-confédérations n'avaient jamais cessé. Dans une telle situation, toute autorité était impuissante et incapable d'assurer une médiation efficace et d'instaurer une paix durable dans le pays. Ainsi les N'Gunis descendants des Bantous, après avoir longtemps vécu dans une civilisation riche et raffinée, avaient fini par évoluer sur la poudrière d'une lamentable décadence. C'est à ce moment là et dans cette explosive configuration ethnosociale de l'Afrique du Sud de ce début de l'année 1809, que Chaka décida de rejoindre le camp de Dinguiswayo.

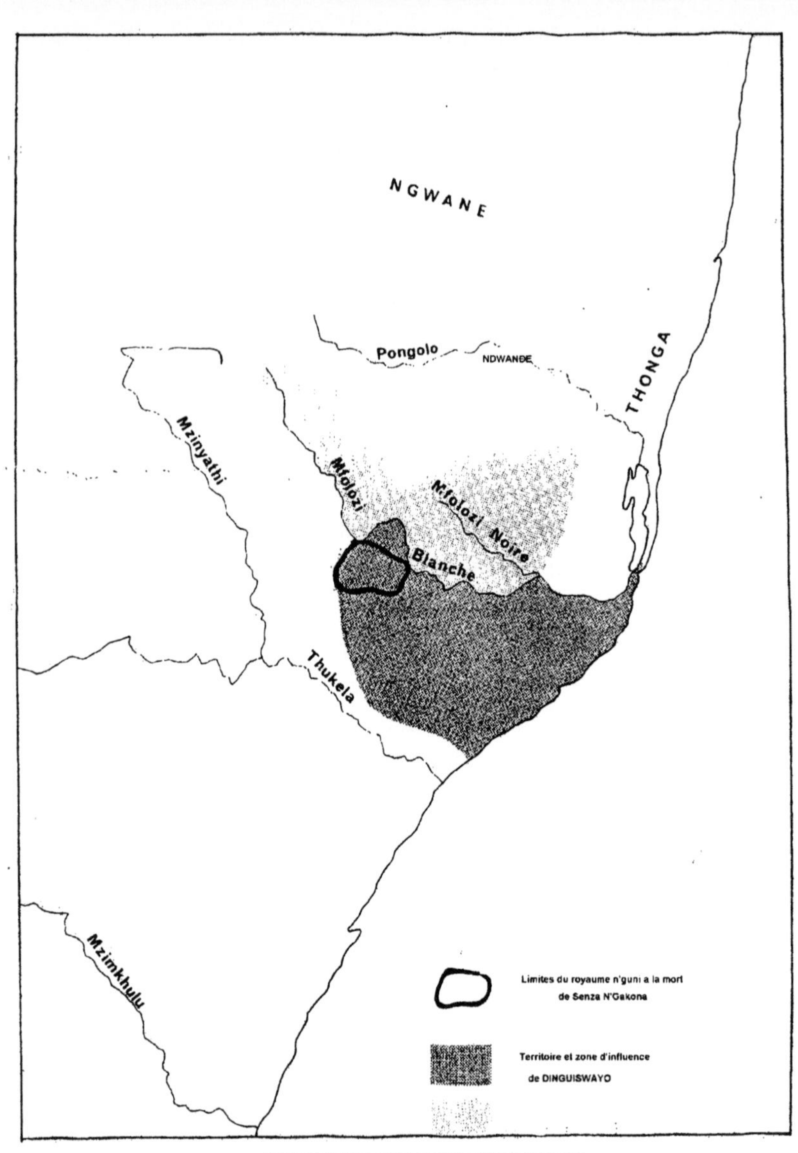

LA CONFÉDÉRATION ABATETWA

CHAPITRE III

L'ASCENSION DE CHAKA

Après avoir erré des jours durant, Chaka arriva enfin dans la capitale du souverain des Abatetwas. En traversant l'une des places publiques de l'agglomération, il aperçut un attroupement autour d'un homme qui parlait à haute voix. Ces palabres classiques mettaient en scène un devin local et de vieux conseillers de la cour de Dinguiswayo. Ils criaient en chœur « *Siya Vuma* » signifiant par-là (en langue n'gunie), qu'ils étaient d'accord. Chaka se demanda ce que pouvaient bien approuver les sages abatetwas. Aussi, il décida de se mêler discrètement à l'assistance. À la grande surprise du jeune fugitif, le charlatan prétendait l'avoir vu lui Chaka, mourir au cours d'un combat l'opposant à ses demi-frères. Ces derniers l'auraient étranglé et que jamais il ne reviendrait parmi les vivants. Un autre devin présent dans l'assistance était, quant à lui, d'un avis contraire. Il voyait très prochainement l'arrivée de Chaka au royaume de Dinguiswayo. Le souverain abatetwa le prendrait ensuite à son service pour le préparer à un destin qu'il devinait exceptionnel.

Tournant le dos à ces palabres, Chaka reprit son chemin en direction du palais de Dinguiswayo. Il aperçut Nandi en compagnie d'un groupe de femmes. Sa mère paraissait très fatiguée. Elle marchait pourtant avec cette élégance et cette grâce qui la distinguaient toujours des autres. Mais, pensait le jeune N'Guni, elles avaient aussi fait son malheur, en suscitant jalousie et haine chez les autres épouses de Senza N'Gakona. Chaka évita de lui parler tout de suite. Il se rendit d'abord au palais de Dinguiswayo et se présenta aux gardes du souverain qui l'assaillirent de questions. Il leur répondit simplement venir du Sud et vouloir rencontrer Dinguiswayo pour des raisons personnelles. Les gardes abatetwas le trouvaient sans doute un peu présomptueux, car ils se montrèrent sceptiques et hésitants. Aussi, Chaka leur demanda de rapporter ceci au souverain :

« - Allez dire à Dinguiswayo qu'un malheureux vagabond affamé vient d'arriver dans son royaume. Et que je lui demande aide et protection. Dites-lui aussi que celui qui lui parle de la sorte, est comme une proie fugitive au milieu d'une meute de chiens. Tous ceux qui l'aperçoivent n'ont qu'une idée, le tuer. Ceci fait de lui tout simplement un animal traqué. Mais dites-lui que malgré cela, celui qui lui envoie ce message possède toujours un cœur et une main d'homme. Sans rien connaître à la guerre, celui qui lui demande asile souhaiterait combattre au sein de ses forces armées. Mais si le roi a peur de s'attirer des malheurs en ma personne, qu'il me le fasse savoir, afin que je continue mon misérable chemin. »

Au crépuscule, Dinguiswayo vint lui-même à la rencontre de Chaka.

« - D'où viens-tu jeune homme ? Quel est ton nom et ton clan ? » lui demanda le souverain abatetwa.

« - Je m'appelle Chaka, fils aîné de Senza N'Gakona, ton vassal. J'erre de contrée en contrée, fuyant la sagaie ; je viens à toi demander aide et protection. »

Après un long silence durant lequel il resta profondément enfoui dans ses pensées, Dinguiswayo demanda à Chaka de le suivre. Il présenta le jeune homme aux conseillers de la cour abatetwa. Ceux-ci se levèrent pour entourer et contempler de près ce garçon dont la réputation avait franchi les frontières du pays. Ils pensaient avoir en face d'eux en chair et en os, le jeune homme aux exploits à peine croyables. Celui qui était aux yeux des Abatetwas, tout ce que leurs enfants rêvaient de devenir et que nombre d'*hommes faits* (adultes, dans la tradition n'gunie), auraient aimé être. Malgré cela, Dinguiswayo restait de marbre. Il décida d'envoyer chercher Nandi.

À peine arrivée, celle-ci perdit connaissance en voyant Chaka fatigué et dans un piteux état. Elle leva ainsi le moindre doute, qui aurait pu encore faire hésiter Dinguiswayo. Nandi avait reconnu son fils aîné, qu'elle avait affectueusement surnommé *Mlilwana*, ce qui veut dire « petit feu ardent ». Depuis de nombreuses années, le royaume des Abatetwas était sans cesse terrorisé par un curieux personnage d'une force surhumaine. Ce marginal devenu totalement sauvage était, aux dires des villageois, possédé par un *Ito'ngo* (esprit maléfique). L'homme, que les Abatetwas avaient donc surnommé *Ito'ngo*, se servait régulièrement et en toute impunité dans les troupeaux de la région. Ce déséquilibré qui devait certainement fumer du hachisch, était dangereux et sanguinaire. Il avait réussi à tuer ou à mettre en déroute nombre de guerriers envoyés à sa poursuite.

Le marginal sortait de temps à autres de son antre forestier, pour dépouiller les villageois après les avoir fait passer de vie à trépas. Dinguiswayo n'avait pas ouvertement demandé à Chaka d'en débarrasser le royaume, mais tous les habitants de la capitale y pensaient depuis son arrivée et attendaient l'occasion. Celle-ci allait se présenter en avril 1809. Un matin, pendant que Chaka conversait avec Nandi, l'*Ito'ngo* avait encore surgi de son repaire. La plupart des bergers s'étaient enfuis devant cette « terreur » qui allait encore provoquer des ravages dans les troupeaux environnants. Il emporta quelques bêtes poussées devant lui, en laissant beaucoup d'autres massacrées.

Aussitôt informé, Dinguiswayo décida de mettre sur pied une expédition punitive. Cette fois il demanda à Chaka d'en prendre la tête. Les détails de l'affrontement sont encore consignés dans la mémoire zouloue. Chaka gagna ses premières lettres de noblesse au royaume de Dinguiswayo en venant à bout du dangereux *Ito'ngo*. Le jeune homme confirma ainsi qu'il avait bel et bien vaincu deux fauves et un « Ito'ngo ». Mais on n'allait pas tarder à lui demander de faire ses preuves de manière autrement plus dure. Au Nord du pays le souverain des Ndwandés, Zwidé, était toujours actif. Il n'avait pas renoncé à vouloir imposer lui aussi sa domination à l'ensemble des N'Gunis du Natal. Son principal rival restait Dinguiswayo. Tant que le souverain abatetwa régnerait sur la plus puissante confédération n'gunie du pays, ses plans seraient toujours contrariés. Ainsi l'un et l'autre des deux souverains cherchaient, à périodes régulières, à se neutraliser définitivement. Zwidé était préoccupé par le traité qui liait Dinguiswayo au souverain du royaume des Mapoutos. C'est par ce territoire que transitait le commerce avec la baie de Delagoa, poumon économique de la région du Natal. Une fois de plus, Dinguiswayo décida d'aller au-devant de l'armée ndwandée. À la surprise générale, il affecta Chaka comme simple combattant au régiment Izi Chwé, dit des « Grands boucliers noirs ». Pour son baptême du feu, Chaka serait placé sous l'autorité de chefs de guerre expérimentés. Ceci ne vexa pas le jeune N'Guni.

Malgré ses exploits, il était convaincu qu'il lui fallait faire ses preuves au combat. Et il n'en était encore qu'au stade de l'apprentissage. Il savait qu'il avait certes excellé comme berger et dans des combats improvisés contre des hommes et contre des animaux, mais la guerre est un art qu'il ignorait totalement. Et à ce stade de sa vie, le jeune N'Guni ne se considérait pas comme un être exceptionnel. Rien à ses yeux ne justifiait que Dinguiswayo lui permette de brûler les étapes. Combattre les troupes aguerries de Zwidé au sein du prestigieux régiment abatetwa des « Grands boucliers noirs » était déjà un grand honneur pour lui qui n'avait jamais connu la guerre.

C'est donc au milieu des combattants de ce régiment d'élite, que Chaka suivit les mouvements de troupes amorcés derrière Dinguiswayo au déclenchement de la campagne. Il allait quand même être impressionné pour la première fois de sa jeune vie. Dans la tradition des armées ndwandées, les régiments, avant la confrontation, entonnaient le célèbre chant de la mort des ennemis (*Mokorotlo*). Aux son et rythme de ce chœur vibrant, le jeune guerrier novice vit approcher l'heure de vérité. Chaka connut la traditionnelle peur au ventre lors du baptême du feu, car le chant de guerre ndwandé qui précédait l'ouverture des hostilités, était accompagné d'un étrange rituel. Lorsque les deux armées furent face à face, un jeune chef ennemi quitta les premiers rangs. Il se mit à chanter ses propres louanges et à vanter l'invincibilité des forces de son royaume. Comme dans un état second, l'homme courait d'une aile à l'autre des formations de l'armée ndwandée. Il agitait sans cesse une lance dans la direction des troupes de Dinguiswayo, comme pour les impressionner. Au bout de quelques minutes, il s'immobilisa au centre de ses camarades dans un silence effrayant. Ensuite, les guerriers ndwandés entonnèrent une dernière fois le *Mokorotlo* juste avant la mêlée. Chaka n'avait encore rien vu d'aussi insolite. Les hostilités déclenchées, son régiment des « Grands boucliers noirs » était de la première vague d'attaque.

L'engagement fut si brutal que le chef de cette unité donna l'ordre, au bout de quelques minutes d'affrontement, d'amorcer un repli tactique en formation serrée. Chaka avait vu s'éclaircir les rangs immédiatement devant lui. Il avait également vu le sol rougir du sang des guerriers des deux camps. Les Ndwandés, très expérimentés, avaient tué dans un choc foudroyant de nombreux combattants abatetwas lancés contre eux. Quant au souverain Dinguiswayo, en retrait pour manœuvrer, il n'avait rien perdu de la première phase de la bataille. Il avait particulièrement observé l'étonnante combativité du jeune Chaka, sa férocité et sa discipline. Le souverain abatetwa avait également noté avec quelle hargne le jeune N'Guni, pourtant sans expérience, taillait à la sagaie dans les rangs ennemis. Au début de l'après-midi, les choses commencèrent à se compliquer pour l'armée ndwandée. Ses ailes gauche et droite étaient profondément enfoncées.

Quant au centre, où combattaient leurs principales unités de choc, il était sans cesse harcelé par les guerriers abatetwas. L'armée ndwandée commençait à déplorer ses premiers déserteurs. Dinguiswayo fit venir un de ses chefs pour lui donner l'ordre de procéder à une relève. Des unités fraîches allaient être engagées pour continuer le harcèlement de l'ennemi. Dès lors, aucun répit ne fut accordé à l'armée ndwandée. Chaka restait au milieu de la bataille. Sur ordre du souverain il ne fut jamais relevé. La pression s'accentuait sur les guerriers de Zwidé au bord de la débandade. La bataille allait être rapidement gagnée. Débordé et sans aucune possibilité de contre-attaque, Zwidé donna l'ordre de repli à ses hommes encore valides. Mais le roi des Ndwandés sera fait prisonnier avec tout son état-major. Dinguiswayo ne le mettra pas à mort. Malgré l'avis contraire de Chaka, le souverain abatetwa relâchera les prisonniers contre une simple rançon de bétail. Il espérait ainsi pouvoir calmer les ardeurs belliqueuses de cet éternel rival, par la persuasion. Dinguiswayo pensait que le fait de laisser la vie sauve à Zwidé mettrait fin à leurs conflits récurrents.

Une certaine légende accorde à Chaka tout seul, le bénéfice de cette victoire contre une armée expérimentée. Certains historiens ont aussi prétendu, qu'il avait à ce moment-là mis au point sa fameuse technique de *Formation en tête de buffle*. En fait Chaka ne l'a jamais confirmé. Il avait encore tout à apprendre de l'art de la guerre. Quant à son rôle dans la victoire, il signala modestement à Dinguiswayo, venu le féliciter, le courage et la combativité de son armée. Chaka le remercia de lui avoir donné la chance de combattre avec des guerriers aussi valeureux. Ce geste chevaleresque fut très apprécié par ses compagnons. À la demande de ceux-ci, Dinguiswayo nomma Chaka, alors âgé de vingt ans - en 1810, soit un an après son arrivée chez les Abatetwas - commandant du prestigieux régiment des Izi Chwés.

Ensuite, au cours d'une cérémonie nationale, Chaka fut décoré des *Palmes de perles*. Cette distinction honorait, conformément à la tradition n'gunie, les serviteurs les plus méritants du monarque. Ce fut au cours de cette période que Chaka connut Pampatha la nièce du souverain. C'était une jolie fille et amie de sa sœur Nomchoba. Son amour et ses conseils lui seront précieux par la suite. Après la victoire des Abatetwas sur l'armée de Zwidé, Dinguiswayo fera de Chaka son bras droit et son porte-parole. La désormais solide réputation de témérité du jeune guerrier n'guni allait lui conférer une influence considérable auprès du souverain abatetwa. Ce dernier lui apprendra certaines subtilités de la guerre moderne. Il lui fit comprendre que la traditionnelle attaque en formations dispersées ne se faisait que pour la gloire des chefs. Cette tactique, sanglante et peu efficace, ne servait qu'à sacrifier inutilement des hommes. Alors qu'un régiment discipliné, solidaire, bien entraîné et qui avance en rangs compacts, arrivera toujours, malgré quelques pertes, à attirer et à détruire l'ennemi. C'est probablement à ce moment de son initiation chez Dinguiswayo, que Chaka commença à réfléchir à la tactique du combat rapproché. Il avait observé son efficacité contre les troupes de Zwidé. Mais le jeune N'Guni apprendra beaucoup plus à la cour du souverain abatetwa. Après la formation guerrière, ce fut pour lui un lieu d'initiation aux rapports sociaux et au fonctionnement d'un royaume.

Dinguiswayo lui fit comprendre que conquérir un pouvoir, quel qu'il soit, n'est pas le plus difficile. Mais la tâche la moins aisée est de le gérer par la suite. Il lui expliquera comment dans un royaume la vie quotidienne et les activités des sujets dépendent grandement de leur souverain. Bien que Dinguiswayo n'en parlât jamais, tous les N'Gunis savaient qu'il voyait Chaka succéder à Senza N'Gakona. Il y tenait d'autant que le royaume de son père occupait une place stratégique dans la région. Il était situé aux limites immédiates de celui de Zwidé, éternel rival des Abatetwas. Dinguiswayo, monarque diplomate, apprendra à son protégé qu'un souverain ne doit jamais s'en remettre uniquement au verdict des armes pour régler des litiges avec ses voisins. Il ne doit pas non plus privilégier la force comme moyen de gouvernement pour diriger son peuple. Un royaume est aussi un lieu d'échange économique, principal régulateur du corps social. En fait, c'est au contact de Dinguiswayo que naîtra aussi le futur administrateur Chaka, au cours d'une longue période d'initiation. Celle-ci reposait avant tout sur une relation affective entre le souverain abatetwa et son jeune protégé. Chaka suivra à nouveau Dinguiswayo dans une campagne contre les Bouthelezis. Phungashe, chef de ces derniers, avait décidé de refuser la main que lui tendait le souverain abatetwa. Cette campagne fut pour Chaka l'occasion de tester l'efficacité de la sagaie courte par rapport à la lance de jet. Il savait que le chef bouthelezi allait lui opposer son champion dans un combat singulier. Dès le début de l'affrontement, son adversaire se contenta de lui jeter des lances. Chaka les esquivait avec une souplesse déconcertante avant de charger. Fonçant sur le champion bouthelezi, il repoussa son bouclier avec le sien, et lui enfonça sa sagaie dans l'aisselle gauche. L'homme s'effondra sans vie. Cette méthode de combat rapproché, que Chaka allait perfectionner et adapter aux affrontements de masse dans une nouvelle approche de la guerre, fera longtemps parler d'elle. Pendant plusieurs mois, Dinguiswayo utilisera le régiment de Chaka au cours de tournées pacifiques dans les royaumes de sa confédération. Il l'engagera aussi dans des opérations de guerre contre des clans rebelles.

Chaka participait à ces actions en compagnie des chefs militaires Ngoboka et Mgobhozi. Déjà compagnons d'arme lors de la première bataille contre Zwidé, ces deux chefs de guerre deviendront par la suite ses inséparables collaborateurs militaires. En mai 1816, un messager vint annoncer à Dinguiswayo la mort du roi Senza N'Gakona. Il lui rapporta aussi comme un fait accompli, l'intronisation de Singuyana à la tête de leur royaume succédant ainsi à son père. Et le messager d'ajouter, qu'après la mort de Bhakuza, fils aîné de la grande épouse Mkhabi, Senza N'Gakona avait désigné Singuyana fils de Bhibhi, héritier du trône. En fait, ceci n'était pas vraiment une surprise pour les conseillers de Dinguiswayo. Les sages abatetwas savaient que si Senza N'Gakona venait à disparaître, s'ouvrirait inévitablement une querelle de succession confuse. Celle-ci mettrait en péril la stabilité politique et économique de la région. C'est en effet en 1816 que mourut Senza N'Gakona et ce, de mort naturelle. Ce détail est important quand on sait qu'à cette époque-là, il arrivait fréquemment qu'un héritier un peu pressé aidât le souverain en place à rejoindre plus vite que prévu ses honorables ancêtres. Le sage monarque qu'était devenu

Dinguiswayo, lui-même complice de son frère Tana, s'était rendu coupable d'une telle tentative quelques années plus tôt. Senza N'Gakona mourut très certainement d'une maladie liée à son obésité. À l'exception de Chaka, tous ses enfants deviendront obèses, ce qui était sans doute héréditaire. Après la mort de Senza N'Gakona, voilà qu'un prince d'un royaume de la confédération de Dinguiswayo osait se proclamer roi sans l'accord de celui-ci. Un tel crime de lèse-majesté était inadmissible chez les N'Gunis. L'évènement était d'autant plus grave que les autres souverains avaient été mis au courant. Ils attendaient la réaction du monarque fédérateur. Allait-il agir de manière paternelle en privilégiant comme à son habitude la persuasion morale ? Si oui, ceci ne risquerait-il pas de passer pour de la faiblesse et créer un dangereux précédent ? Conscient de l'importance de l'enjeu, Dinguiswayo choisit la fermeté. Il s'adressa à ses conseillers :

« - Décidément, leur dit-il, chez Senza N'Gakona on ne respecte rien. »

Puis se tournant vers le messager, il lui dit ceci :

« - Allez dire à Singuyana que je suis fort étonné d'apprendre aujourd'hui et pour la première fois, que Senza N'Gakona avait renié son fils aîné Chaka, et qu'il avait fait savoir que son successeur et héritier serait Singuyana. Je vous demande à qui une telle décision a été communiquée ? En outre, j'apprends par la même occasion que Nandi jetterait de mauvais sorts. J'aimerais que l'on me dise à qui elle en a jeté ? Allez aussi dire à Singuyana que naguère, quand Chaka a tué un lion, Senza N'Gakona, par le fait même qu'il ait envoyé la dépouille à son suzerain, confirmait ce qu'il avait toujours fait connaître, à savoir que Chaka était son héritier. »

De son côté, après avoir réfléchi pendant quelques jours et consulté les anciens, Singuyana renvoya le messager à Dinguiswayo. Cette fois, il le fit accompagner de trois vieux sages du royaume. Ces hommes des années auparavant avaient fait partie de la délégation envoyée, pour annoncer la naissance de Chaka au roi Jobé. Les envoyés de Singuyana étaient chargés de dire à Dinguiswayo, que Senza N'Gakona avait réellement déshérité Chaka. Il l'avait chassé avec sa mère Nandi qui était soupçonnée d'être une sorcière. Sa présence à la cour n'était plus souhaitable. Devant un argument aussi léger et auquel nul n'accorda de crédit, Dinguiswayo s'adressa une fois encore à ses conseillers :

« - Honorables conseillers de mon père, j'ai besoin de votre aide pour m'éclairer sur un sujet dont je ne connais pas assez les détails. Nul parmi vous n'ignore que j'ai été longtemps en exil. J'ai vécu loin de notre capitale et de la cour de mon père. Dites-moi, pour ceux d'entre vous qui ont été témoins de cette histoire, si vous vous souvenez que Senza N'Gakona, sur une décision officiellement annoncée à mon défunt père, avait choisi de ne plus reconnaître que Singuyana comme successeur ? »

À cette question tous les anciens du conseil encore vivants et qui avaient assisté Jobé, affirmèrent n'avoir jamais été mis au courant d'une telle décision de Senza N'Gakona. Dinguiswayo reprit alors la parole pour s'adresser à Chaka :

« - Chaka, dit-il, du fait de mon absence du royaume pendant de longues années, je n'ai pu être témoin des événements dont il est question aujourd'hui. Mais après avoir interrogé les anciens du Grand Conseil, notamment ceux qui ont assisté mon père à l'époque des faits voici mon opinion. Si tu trouves la force et la motivation pour réparer une injustice dont tu es aujourd'hui victime, je t'autorise à lever les deux régiments que tu commandes pour aller prendre toi-même la souveraineté dont Singuyana tente de te déposséder. Laissons au verdict des armes le soin de vous départager. »

Cet épisode d'échange de messagers à la mort de Senza N'Gakona confirme encore que l'histoire d'un Chaka bâtard et revanchard assoiffé de sang est une pure invention. À aucun moment, selon la tradition zouloue, l'argument ne fut utilisé par les envoyés de Singuyana. Chaka était sans doute le nœud de contradictions et de souffrances d'un enfant humilié et martyrisé, mais il avait tout simplement décidé de prendre, par la force des armes, ce qui lui revenait par le droit du sang. Ce droit lui était refusé par tentative d'usurpation. Et il se fera justice avec l'aide de Dinguiswayo, au cours d'une opération qui fut sa vraie et première expérience en tant que commandant autonome. À la tête des deux régiments nouvellement placés sous ses ordres, dont les Izi Chwés, le jeune chef de guerre allait balayer les forces adverses pour s'emparer du royaume de son défunt père. Quant à Singuyana, qui avait tenté un instant d'usurper le pouvoir, il eut l'honneur, contrairement à ses autres demi-frères, de tomber les armes à la main.

Ensuite, l'une des autres contradictions dans la présentation du personnage de Chaka est qu'il n'a cherché ni vengeance ni punition. Il n'exécutera pas les femmes comploteuses de son défunt père. Pourtant toutes les sources sérieuses rapportent qu'elles avaient humilié, chassé sa mère et tenté de le tuer. Chaka décidera également de ne pas mettre à mort ses demi-frères Dingane et Mhlangane. Il les restaurera dans leur position princière. Cette attitude lui sera fatale par la suite. Les N'Gunis vaincus et résignés ont accepté Chaka comme souverain légitime. Au chapitre d'une certaine légende, il est un fait que le fils de Nandi n'avait jamais révélé à personne. La tradition zouloue rapporte sa rencontre avec un grand féticheur du nom de Issanoussi. Celle-ci se serait passée durant la période de fuite du jeune N'Guni pour échapper à ses demi-frères.

L'événement est d'autant plus déroutant que Chaka n'avait jamais vraiment cru aux fétiches et à la sorcellerie, fait rare pour un guerrier africain de son époque. Il est vrai que par la suite durant son règne, il eut à canaliser, voire récupérer toutes les croyances surnaturelles ou non de ses sujets. Mais cela ne fut que pure manipulation pour asseoir son pouvoir. Aussi, bien que son entourage l'ait souvent invité à croire et à user de sorcellerie à des fins personnelles, il n'avait toujours su compter que sur lui-même. L'homme ne croyait qu'aux moyens concrets même dans la démesure. Chaka, comme le rapportent tous ceux qui l'ont côtoyé de près, n'avait confiance qu'en ses jugements, son intuition et son charisme naturel. Cependant, après s'être enfui du village de Quobé, il avait couru pendant longtemps. Un jour, exténué et affamé, il sombra sans résister dans un profond sommeil. Il fut réveillé par ce mystérieux Issanoussi. Dans l'histoire de l'empire zoulou, certains auteurs ont aussi écrit que deux hommes, Malounga et Ndlébé, envoyés par Issanoussi, auraient joué un rôle important. Il s'agit tout simplement d'une contre-vérité. On n'en trouve nulle trace dans la mémoire zouloue. Cependant, Issanoussi a bel et bien existé. Il a réellement rencontré Chaka lors de sa fuite.

Cet homme a aidé et conseillé le futur souverain zoulou avant de devenir son ami. Ayant la réputation d'un sage, intelligent et très cultivé, Issanoussi avait côtoyé beaucoup de monarques régnants et en avait tiré une grande expérience. Toutefois, s'il est peu vraisemblable qu'un homme aussi réaliste que Chaka ait pu accorder quelque crédit aux prophéties de Issanoussi, il semble intéressant de rapporter ce qu'en dit la tradition zouloue :

« *Issanoussi sentait Chaka sceptique. Il lui révéla, à sa grande surprise, l'existence d'une amulette que le jeune guerrier dissimulait dans la touffe de cheveux qu'il portait au sommet du crâne. Ce détail n'était connu que de Chaka et de Nandi sa mère. Ensuite, le féticheur lui prédit beaucoup de choses qui allaient arriver par la suite avant de disparaître.* »

Chaka y aurait souvent pensé sans en parler à son entourage. C'est probablement la preuve de son scepticisme. Et voilà qu'à la veille de son intronisation sur le trône du clan n'guni laissé vacant par son père, cet homme étonnant revenait le voir. Chaka et Issanoussi furent très proches pendant un temps. Mais il serait plus juste de voir en cet homme mystérieux un ami et un conseiller très éclairé. Et non un féticheur ou autre devin, sur qui le futur souverain zoulou comptait pour acquérir d'hypothétiques pouvoirs surnaturels. Au lendemain de cette entrevue, eut lieu la cérémonie d'intronisation de Chaka. L'honneur revenait à Dinguiswayo, monarque de la puissante confédération des clans n'gunis, de prononcer le discours d'ouverture. Cet orateur de marque, très respectueusement écouté, commença par remercier Chaka. Il vanta ensuite les mérites du nouveau souverain, sa bravoure, son charisme légendaire, son sens du devoir et de l'honneur. Dinguiswayo fit part de sa satisfaction de voir à la tête d'un clan n'guni un héritier de cette trempe, qu'il avait eu l'honneur de commander et d'éduquer. Ensuite, ce fut au tour des conseillers de la cour de s'employer à reconnaître, non sans hypocrisie, l'injustice qui faillit écarter Chaka d'un trône dont il était le légitime héritier. Les conseillers reconnaissaient la générosité du nouveau souverain. Il avait laissé la vie sauve à ses demi-frères et aux veuves du défunt souverain, par souci de réconciliation du clan. Combien était grande leur fierté d'avoir à la tête du royaume un illustre guerrier dont la réputation et les faits d'armes les avaient tous conquis. Avec un tel homme à leur tête la sécurité, pensaient-ils, serait enfin assurée à tout le clan et pour longtemps.

Dinguiswayo reprit la parole. Le souverain fédérateur espérait que dans un avenir proche, Chaka l'aiderait dans son entreprise d'unification des peuples n'gunis pour une communauté culturelle, politique et militaire. Seule une telle entité serait capable de déployer une vraie puissance et d'assurer la prospérité et la stabilité du pays. Il rappela une fois de plus les brillants états de service du jeune Chaka dans son armée. Il décrit avec force de détails comment, à la tête d'un régiment d'élite, le jeune guerrier encore novice, permit de mettre en déroute l'armée ennemie de Zwidé. Pour Dinguiswayo qui ne tarit pas d'éloges sur son protégé, Chaka était un véritable envoyé des ancêtres. Avec ce souverain, le royaume laissé par Senza N'Gakona ne pourrait connaître que puissance et rayonnement. Mais dans tout ceci, le souverain abatetwa se garda bien de dire qu'il espérait que ce serait toujours sous son unique et suprême autorité. Depuis que ses forces avaient défait Senza N'Gakona - qui à un moment, avait commis l'imprudence de s'allier à Zwidé - le royaume dont avait hérité Chaka était devenu encore plus vassal des Abatetwas. En grand diplomate, Dinguiswayo crut prudent de passer ce fait sous silence. Son évocation risquait de déplaire au très fier et orgueilleux jeune souverain. Puis vint le moment du discours de Chaka pour clôturer la cérémonie. Il commença tout d'abord par remercier Dinguiswayo son généreux protecteur. Ensuite, l'homme se montra d'une rare habileté. Il présenta ses condoléances à tous ceux qui avaient perdu un proche dans cette bataille inutile. Aussi regrettait-il ce chapitre douloureux que tous auraient pu éviter en respectant la loi sacrée des ancêtres. Mais il appela à faire table rase du passé. Le nouveau souverain n'guni incita ses sujets à panser leurs blessures en silence, pour se tourner vers un avenir qu'il leur promettait prospère et radieux. Cependant, d'une manière subtile, Chaka fit comprendre à toute l'assistance qu'il avait été mis au courant de ce qui s'était passé chez Senza N'Gakona durant sa longue absence. Ce grand manipulateur culpabilisait certains responsables militaires et autres conseillers, qui avaient choisi le camp adverse. Ceci comme pour les prévenir qu'ils n'avaient qu'à bien se tenir. Chez les N'Gunis on pouvait pardonner mais pas oublier. Le nouveau souverain entretenait ainsi une dose de suspense quant à ses futurs rapports avec les dignitaires du royaume. Et durant tout son règne, l'homme maintiendra toujours une épée de Damoclès au-dessus de la tête de ses collaborateurs les plus proches.

Mais pour l'heure, Chaka devait penser très fort à ce moment-là, qu'il tenait enfin l'instrument qui lui manquait. Car l'histoire retient que c'est à partir de ce trône qu'il allait œuvrer pour étendre son influence et se tailler un immense empire. Vint ensuite le temps de la clôture de la cérémonie d'intronisation. Respectant la tradition n'gunie, les conseillers, les chefs des forces combattantes et les plus grands dignitaires du royaume par le sang se levèrent pour prononcer le traditionnel :

«Puisses-tu nous apporter la pluie qui féconde la terre !
Nous te sommes soumis Ô roi Ô noble N'Guni !
Prends soin de tes sujets loyaux ! »

CHAPITRE IV

MFÉCANE OU LA FORMATION D'UNE NATION PAR LE FEU, LE FER ET DANS LE SANG

Après avoir pris le pouvoir, Chaka décida dès le mois de mars 1817, de réorganiser les structures civiles et militaires de son petit royaume. Il pensait que ses projets de conquêtes devaient aboutir à réaliser un ensemble beaucoup plus vaste encore que la confédération mise sur pied par Jobé et Dinguiswayo. Autrement dit, le trône du petit royaume de 170 km^2 peuplé seulement de 7 000 âmes et d'environ 2 300 combattants, ne pouvait lui servir que de base pour des ambitions plus grandes. Aussi, il décida d'attaquer et de réduire, une bonne fois pour toute, l'éternel clan rebelle voisin des Bouthelezis. Il allait le faire dans une stratégie de guerre totale, contrairement aux recommandations de Dinguiswayo. Chaka pouvait être extrêmement cruel. Lors de cette bataille contre les Bouthelezis, le jeune souverain n'guni ne fera pas de quartier. Il donnera des ordres de massacres impitoyables. Chaka fera achever les ennemis blessés et tuer les veuves et les orphelins. Il ne laissera la vie sauve qu'aux jeunes bien portants, pour les intégrer à sa nation en formation. Car il allait annexer ce premier territoire conquis.

Le bétail des Bouthelezis fut confisqué. Tandis que quelques-unes des belles jeunes filles survivantes furent dirigées dans son « sérail » (ou harem). Le chef bouthelezi Phungashe, qui avait assisté de loin à la bataille, réussira à échapper aux poursuivants lancés à ses trousses. Il ira rejoindre Zwidé pour lui proposer une alliance. Mais ce dernier n'avait que faire d'un allié vaincu et sans armée. Zwidé, comme à son habitude avec les prisonniers de cette importance, le fit décapiter pour l'exemple. Son crâne alla rejoindre les trophées décorant la hutte du sanguinaire roi ndwandé. Celui-ci avait gagné en assurance et était en passe de devenir aussi puissant que Dinguiswayo. Comme lui, il avait réussi à intégrer par la force presque autant de chefs de clans dans sa confédération. Au Nord, il avait encore repoussé Sobhuza, mais aussi les Ngwanés au-delà du fleuve Pongolo. Cependant au Sud, Dinguiswayo maintenait toujours son influence et sa domination. Et les plans du roi des Ndwandés étaient encore d'autant plus dangereusement contrariés, que Chaka ex-bras droit de Dinguiswayo était devenu autonome. Le nouveau souverain n'guni disposait d'un royaume et d'une armée en pleine réorganisation.

Chose non moins inquiétante, cette nouvelle pièce de l'échiquier sud-africain venait de battre les Bouthelezis. Il avait intégré leur royaume dans un ensemble dont tout le monde ignorait encore la portée. En fait, c'est aux côtés de Dinguiswayo, que l'idée d'unir les peuples n'gunis dans un empire homogène s'est imposée à Chaka. Il avait fini par comprendre que si Dinguiswayo et Zwidé avaient eu au début la même ambition d'unifier tous les clans n'gunis, ils continuaient à s'affronter pour d'autres raisons. Sans jamais être franchement avoué par l'un ou par l'autre, le véritable enjeu de ces incessants conflits était devenu le monopole du commerce avec les Portugais de la baie de Delagoa. Dinguiswayo avait presque gagné sur ce plan avec la complicité des Mapoutos. Ceux-ci n'avaient toujours pas dénoncé le traité qui les liait.

Mais le souverain abatetwa redoutait que Zwidé, dont le territoire était plus proche du fort portugais, ne finisse par le supplanter dans une stratégie d'alliances circonstanciées. L'enjeu était de taille car pour les peuples de la région, la place commerciale de Delagoa restait la seule véritable porte ouverte sur le monde extérieur. Pour tenter d'isoler Zwidé, Dinguiswayo continua ses campagnes militaires contre des clans susceptibles de s'allier avec son adversaire. Pendant quelques mois il se passera, à son grand regret, de la précieuse collaboration de Chaka. Celui-ci était à ce moment-là trop occupé à prendre en main ses sujets et à réorganiser son royaume. Mais en déclenchant une nouvelle campagne qu'il savait difficile contre le royaume des Qwabés, Dinguiswayo fera appel une fois de plus à son protégé. Ils combattirent des jours durant jusqu'à ce que le chef de ce clan rebelle, qui disposait d'une importante armée soit battu et soumis. Après quoi, Chaka fut invité à prolonger son séjour chez les Abatetwas. Officiellement, Dinguiswayo lui demandait d'instruire ses guerriers dont l'admiration pour lui était sans bornes. Le jeune souverain n'guni accepta. Mais l'on peut penser que sa réelle motivation était Pampatha la ravissante nièce de Dinguiswayo. Celle-ci avait conquis une place énorme dans son cœur. Le souverain abatetwa le savait. Il avait, quelques mois auparavant, été le témoin discret d'une scène assez surprenante entre Chaka et sa nièce.

On a écrit à tort ou à raison des choses plus ou moins fantaisistes sur la sexualité et sur le comportement de Chaka avec les femmes. En fait, tout ce que l'on sait avec précision, est que l'homme exerçait une certaine fascination sur la plupart des jeunes filles qui l'approchaient. Mais selon la tradition zouloue, il était aussi simple, que n'importe quel jeune mâle n'guni de son époque. Il sacrifiait aux rituels classiques des préliminaires amoureux. Dinguiswayo l'aperçut un jour en compagnie de Pampatha. Chaka à qui sa sœur Nomchoba avait fait part des sentiments de son amie Pampatha à son égard, l'avait envoyé chercher. Tout l'entourage de Nandi souhaitait secrètement que cette rencontre puisse donner lieu à un mariage.

Les deux jeunes gens procédèrent d'abord au traditionnel échange de colliers qui est le premier lien entre deux amoureux n'gunis. Le souverain abatetwa remarqua l'émerveillement de sa nièce devant Chaka auréolé de gloire militaire. Entre le jeune n'guni et la charmante et romantique Pampatha l'avenir était prometteur. Généralement le monarque était très vite mis au courant de ce genre de chose, quand cela concernait un membre de sa famille. En cas de désaccord, il ne manquait pas de le faire savoir aux intéressés. Aussi, l'absence de réaction de la part de Dinguiswayo signifiait un consentement de fait. Mais celui-ci était lourd d'arrière-pensées. Un tel événement ouvrirait la voie à une future alliance royale dont le monarque fédérateur avait grand besoin. C'est sans doute ce qui l'avait poussé à inviter Chaka une fois devenu souverain, à rester plus longtemps chez les Abatetewas. Pour Dinguiswayo un allié aussi combatif et charismatique que lui, servirait encore plus ses ambitions de fédérateur. Ainsi pensait-il pouvoir mieux répartir les rôles. À lui, la persuasion morale, et en cas d'échec, il ferait place à la méthode martiale de Chaka et sa dialectique de la sagaie. Encourager la liaison entre les deux jeunes amoureux allait dans le sens d'un tel calcul. Chaka consacra certes le plus clair de son temps à l'instruction des jeunes guerriers de Dinguiswayo. Mais il n'en négligea pas pour autant Pampatha sa bien-aimée. Le jeune monarque suivit ensuite Dinguiswayo dans une nouvelle campagne contre les Amangwanas. À la fin de celle-ci, le souverain abatetwa lui témoigna sa reconnaissance avant de se décider à lui parler franchement :

« - Chaka ! Je pense que tu es devenu un *homme fait*. Le temps est donc venu pour toi de prendre femme. »

« - Pour te parler franchement, je n'avais pas encore envisagé cela ; il est vrai que j'aime une jeune fille, mais celle-ci m'était inaccessible. Voilà pourquoi j'avais trouvé sage de ne plus y penser. »

« - Que veux-tu dire, lui demanda Dinguiswayo, par inaccessible ? »

« - Je veux dire que j'ai fait la connaissance de cette jeune fille au moment où moi Chaka, je n'étais qu'un simple guerrier sans prétentions. Or, elle est la nièce d'un grand monarque. »

« - Est-ce ma nièce Chaka ? » lui demanda hypocritement Dinguiswayo.

« - C'est bien elle. »

« - Serait-ce Pampatha ? »

« - Oui, c'est elle. »

« - Lui as-tu déjà parlé ? Car, pour ce qui me concerne, je n'ai pas l'habitude d'influencer mes filles ou mes nièces dans ce genre de choses. Par contre, si tu le désires vraiment, tu as mon autorisation pour lui parler mais la décision lui appartient à elle seule. En aucun cas je ne lui forcerai la main. »

« - Je dois t'avouer que nous en avons déjà parlé. Notre amour est partagé. »

« - Je vois ! Dans ce cas, vous avez mon consentement pour vous marier. »

C'est ainsi que fut arrangé le mariage de Chaka et de Pampatha. Le jeune souverain retourna ensuite s'occuper des affaires de son royaume. Quant à Dinguiswayo, il décida d'observer une trêve dans ses campagnes militaires. Presque tous les guerriers abatetwas et leurs chefs, fatigués des dernières batailles, furent autorisés à prendre du repos même hors du royaume. Zwidé, leur éternel ennemi qui rêvait toujours de revanche, fut très vite mis au courant de la situation par ses nombreux espions. Pourtant, Dinguiswayo croyait le souverain ndwandé moins belliqueux depuis qu'il lui avait laissé la vie sauve après l'avoir fait prisonnier. Et ce, d'autant que les deux hommes étaient récemment apparentés puisque l'une des sœurs du souverain abatetwa avait épousé le roi des Ndwandés.

Pour autant, Zwidé n'avait toujours pas renoncé à vouloir soumettre tous les clans n'gunis à son autorité. Dinguiswayo allait sans doute regretter de n'avoir pas écouté Chaka lorsqu'il lui avait suggéré de se débarrasser définitivement de son irascible et conflictuel rival. Cette fois, le roi des Ndwandés avait décidé d'attaquer sans déclaration de guerre.
Zwidé savait que le royaume abatetwa était provisoirement sans défense sérieuse. L'effet de surprise qu'il escomptait fonctionna parfaitement. Ce n'est qu'après le franchissement des rives du Mfolozi par les troupes ndwandées, que Dinguiswayo fut informé de l'attaque. Le souverain abatetwa décida de rassembler ce qui lui restait de combattants. Il ne disposait que de quelques gardes du corps et l'équivalent d'une compagnie de guerriers, habituellement affectée en base arrière pour la sécurité du palais et des lieux publics. Avec ce léger détachement il se porta au devant des troupes de Zwidé. Dans un rapport de force inégal, les guerriers ndwandés ne firent qu'une bouchée de cette petite formation, qui avait néanmoins opposé une honorable résistance. Zwidé avait enfin à sa merci le tout-puissant Dinguiswayo. Ce

dernier, blessé et capturé presque mourant, fut amené à la capitale ndwandée. Il sera impitoyablement mis à mort en janvier 1818. Ensuite, sa tête ira rejoindre les autres trophées qui ornaient la hutte de Zwidé. Sûr de l'effet que produirait la mort de Dinguiswayo, le roi ndwandé envoya des messagers auprès des conseillers du souverain défunt. Il espérait, en leur annonçant cette nouvelle, obtenir la reddition inconditionnelle des Abatetwas.

Certains auteurs dont Isaacs ont émis l'hypothèse selon laquelle Chaka avait été mis au courant des projets de Zwidé. Et qu'il fit exprès de ne pas alerter Dinguiswayo, feignant par la suite d'arriver en retard. Ainsi, l'élimination du monarque abatetwa servirait ses ambitions. Ceci lui donnerait un prétexte pour se débarrasser définitivement de Zwidé. Autrement dit, Chaka pensait pouvoir bénéficier plus tôt que prévu d'une occasion inespérée pour constituer à son profit une seule et grande puissance n'gunie dans la région. Car avec la mort des deux souverains, il pourrait facilement intégrer leurs confédérations laissées sans commandement. On ne saura jamais si cette hypothèse machiavélique est crédible. Elle n'est avancée que par les détracteurs de Chaka. Quant à la tradition zouloue, elle rapporte une version différente. Mis au courant de l'incident, Chaka aurait dépêché deux vieux sages auprès de Zwidé pour lui demander de laisser la vie sauve à Dinguiswayo, moyennant une rançon qu'il s'engageait à verser. Les messagers arrivèrent trop tard. Le protégé et fils spirituel de Dinguiswayo décida de se rendre sur-le-champ au royaume du défunt. Il y trouva une population en proie au désespoir. Un des chefs militaires de feu le souverain abatetwa vint à sa rencontre et lui dit :

« - Chaka ! après avoir tué Dinguiswayo, Zwidé s'est mis en campagne pour tout ravager sur son passage et nous soumettre. Mais les hommes présents sont déjà en formations de combat. Ils sont prêts à se battre sous tes ordres. Ils espèrent que tu accepteras de prendre leur commandement. »

Chaka préféra attendre le retour de tous les guerriers abatetwas qui étaient en repos, ceci pour disposer de plus de forces avant d'affronter les Ndwandés. Il avait déjà combattu

Zwidé. Le souverain n'guni savait que face à une armée aussi puissante et bien organisée, il convenait d'éviter toute précipitation. On ne battrait pas les combattants aguerris de Zwidé avec quelques unités de combat seulement. Toutes les forces abatetwas disponibles et une tactique efficace seraient nécessaires, pour venir définitivement à bout d'une telle armée. Ensuite, Chaka devait inspecter les guerriers présents dans le royaume. À sa vue un porte-parole lui dit :

« - Chaka ! Dinguiswayo n'est plus mais Dinguiswayo aujourd'hui c'est toi. Sa souveraineté, c'est tous ensemble et d'un commun accord que nous te demandons de l'assumer. Il n'y a pas de temps à perdre. Comme tu l'as appris sans doute, Zwidé sera ici à l'aube et son but est de soumettre notre royaume. C'est vers toi maintenant que nous regardons pour mener notre armée, de la même manière que tu la conduisais du vivant de Dinguiswayo. Tu nous as formés et commandés ; nous t'avons obéi. Mais aujourd'hui ce n'est pas seulement au chef de guerre que nous obéirons mais aussi au souverain. Nous souhaiterions également, que tu épouses Pampatha. Par cette union, nous ne formerons plus avec ton peuple qu'une seule nation. »

La volonté d'unir des peuples pour former une nation, fut exprimée ce jour-là par les guerriers abatetwas sans aucune contrainte. Ils le firent comme les combattants de l'armée révolutionnaire française à Valmy, avaient prononcé le mot nation pour la première fois. C'est aussi avant une bataille décisive, que des guerriers appartenant à cette multitude de clans n'gunis émirent spontanément l'idée d'union. Après avoir réuni tous les guerriers disponibles et d'autres volontaires en état de combattre, Chaka se mit en route. Il allait pour la première fois s'allier avec le chef Mzilikazi et ses combattants n'débélés. Ensuite, il eut l'idée d'adopter la tactique de la terre brûlée contre les troupes de Zwidé trop loin de leurs bases. Dans les campagnes militaires de l'époque, les guerriers n'gunis n'emportaient que leurs armes pour être plus légers et opérationnels. Ils tiraient toute leur logistique du pillage des villages de clans vaincus. Chaka donna l'ordre à tous les habitants de la région, de fuir avec leur bétail et de brûler les récoltes de sorgho. Ainsi, au moment de la confrontation, l'ennemi sous-alimenté serait grandement affaibli. Ensuite, sans donner d'explications, il demanda aux chefs militaires abatetwas, d'amorcer un mouvement de repli en évitant tout contact avec les troupes ndwandées. Voyant cela, Zwidé crut que ses adversaires avaient pris peur devant une armée supérieure en nombre. Il donna l'ordre de poursuivre les fugitifs et de les anéantir.

Après plusieurs jours de marche à travers des paysages déprimés et sans bétail à saisir, le chef ndwandé comprit le piège. Il était trop tard, car Chaka le sachant épuisé et sans vivres donna l'ordre d'attaquer. Jusqu'à ce qu'il dispose de la future et impressionnante armée zouloue, Chaka conservera cette tactique (notamment durant toute la période du *Mfécane*). Elle consistait à épuiser l'ennemi en évitant tout contact. Pendant ce temps, ordre était donné aux populations locales de détruire les champs et les greniers. Lorsque l'ennemi était affaibli et affamé, une rapide et meurtrière offensive était lancée contre lui. La tactique ne mit pas longtemps à payer. Dès le premier contact, Zwidé décida en catastrophe de repasser le fleuve. Ensuite, ses guerriers dépassés par un harcèlement continu ne cesseront plus de reculer. Au sixième jour de poursuite, les unités formées des plus jeunes guerriers furent lancées à l'assaut de Zwidé. Une fois le contact établi, Chaka envoya le gros de la troupe en deux vagues pour attaquer leurs ailes. Le but était de rabattre les guerriers ennemis toujours vers le centre en évitant de les laisser décrocher. Une fois l'encerclement effectué, ce fut une effroyable boucherie. L'armée ndwandée en quelques heures de corps à corps fut taillée en pièce. Chaka était définitivement convaincu de l'efficacité meurtrière du combat rapproché. Toutefois, il comprit aussi que celui-ci devait être préparé par une bonne méthode d'approche.

C'est probablement ce jour-là, que Chaka commença à concevoir sa tactique originale dite de *Formation en tête de buffle*. Cette bataille fera plus de 4 000 morts. Zwidé, vaincu et humilié, réussira à se sauver avec une poignée de fidèles. Il ira se réfugier au pays des Bapédis pendant que le reste des survivants de son armée se dispersait aux quatre coins du pays. Après cette victoire et comme à son habitude, Chaka rassembla tous les jeunes gens anciennement sujets de Zwidé et qui n'avaient pas fui. Il leur tint ce langage sans ambiguïté :

« - Aujourd'hui votre armée est décimée. Zwidé est en fuite désertant votre royaume vaincu. Autrement dit, vous n'êtes même plus un peuple. Vous méritez que je vous fasse tous exécuter sur-le-champ. Car, non seulement vous avez tué mon suzerain Dinguiswayo - qui pourtant vous a toujours manifesté sa bonté - mais vous n'avez pas eu le courage de vous battre jusqu'à la mort. Vous avez accepté la défaite. Cependant, je vous laisse le choix d'intégrer nos forces en abandonnant votre nom de clan ou alors, celui de mourir. »

Tous les jeunes gens présents manifestèrent le désir de se joindre aux forces de Chaka. Le royaume de Zwidé fut totalement occupé et intégré dans l'ensemble géographique, économique et militaire dirigé par Chaka. Ce territoire couvrait au début de l'année 1818, 30 000 km^2. Depuis son intronisation au trône du royaume laissé vacant par son père, Chaka avait réussi à étendre de façon importante la superficie de celui-ci. Aussi, la grande nation dont il avait toujours rêvée était en passe de devenir une réalité. Tout le bétail du royaume ndwandé fut partagé entre les différentes unités combattantes et les familles des guerriers abatetwas morts au combat. C'est à cette époque que remonte véritablement le lourd contentieux entre Chaka et ses demi-frères. Cette victoire éclatante contre l'un des plus légendaires chefs de guerres du pays, Zwidé, n'était pas du goût des princes n'gunis.

Dingane et Mhlangane formulèrent ouvertement des critiques à l'encontre de Chaka. Les plus éclairés des conseillers du souverain lui suggérèrent alors de se débarrasser de ses demi-frères. Ceci pour prévenir les graves ennuis qui se dessinaient à l'horizon. Mais Chaka refusa, prétextant qu'il leur avait laissé la vie sauve lors de son arrivée au pouvoir. Et que s'il leur restait une goutte de sang noble dans les veines et un certain sens de l'honneur n'guni, l'idée ne leur viendrait jamais de comploter contre lui. Sa propre mère Nandi, lui demanda également de se méfier d'un autre demi-frère, Mbopha, qu'il avait pourtant nommé chef de la maison royale. On avait rapporté à la reine mère que ce dernier était très proche de Dingane et de Mhlangane. Il conversait souvent avec eux sur des sujets qui semblaient secrets. Tout ceci selon Nandi, incitait à la plus grande prudence.

Contrairement à ce qu'affirment certains auteurs, Chaka n'a jamais été rendu paranoïaque par le pouvoir. Cet homme froid et si sûr de lui considérait que ses ennemis, comme ceux de sa nation en formation, ne pouvaient être qu'à l'extérieur. Le jeune souverain estimait que sa tâche première était d'unifier les composantes de l'ensemble n'guni, en réconciliant les anciens chefs entre eux et avec tous ses sujets. C'était d'autant plus nécessaire qu'il subsistait encore dans le pays des ennemis puissants qu'il fallait battre et soumettre. Seule l'unité permettrait de le faire, comme d'assurer ensuite le maintien et le rayonnement de leur ensemble et non le contraire.

Pour ce qui concerne les Abatetewas volontairement ralliés à Chaka, leur ancien souverain Dinguiswayo n'eut pas d'enfant mâle avec sa grande épouse. Avec l'accord des chefs militaires du défunt et de ses conseillers, Chaka fit du royaume abatetwa une province de l'ensemble n'guni. Il nommera comme Premier ministre, Ngomane, ancien commandant en chef de l'armée abatetwa. Quant à son ami Ndlela, Chaka l'imposa comme gouverneur de la nouvelle province intégrée. Jusqu'à la fin de son règne, il recrutera ses principaux conseillers parmi les Abatetwas en qui il avait entièrement confiance. Ensuite, fidèle à sa logique d'expansion impériale, Chaka reprit en décembre 1818 ses campagnes vers l'ouest, au-delà de la montagne du Khahlamba. Il réussira à soumettre les Sothos et les Bechouanas, avant d'attaquer le Sud pour écraser la résistance des Khosas, des Tembous et des Pondos. Du point de vue stratégique, le terrain accidenté de la région lui a permis de mener une guerre d'usure contre beaucoup de clans, qu'il réussira à écraser sans pitié. D'autres tribus cependant lui ont échappé en s'enfonçant dans les forêts et les grottes qui parsèment le pays. Chaka réussira à battre définitivement le redoutable et résistant clan des Langas. On était en plein *Mfécane.* Ce fut, dit la mémoire zouloue, le temps lointain où la sagaie tuait les hommes et la famine meurtrissait la terre. C'est cette cascade d'événements violents et sanguinaires qui est à la base de la formation du puissant empire zoulou. Ce *Mfécane,* au sens où le concevait Chaka, ne s'arrêtera réellement que vers 1835, soit longtemps après la consolidation de l'empire. Car en 1828, peu avant la mort de Chaka, des combats meurtriers opposeront encore les armées zouloues aux troupes de Soshangane, un ancien général de Zwidé. Le mot *Mfécane* est polysémique. Il peut aussi bien vouloir dire : « migration forcée », « terreur » que « le temps des troubles », « guerres incessantes » ou « famines atroces ».

Durant cette période, des guerres fratricides ont engendré de nombreuses victimes, des destructions et des famines. Après Dinguiswayo et Zwidé, la vague déferlante des combattants de Chaka allait balayer tous les clans rebelles à son idée d'unification. Il soumettra, avant d'intégrer progressivement, les survivants dans une entité qui commençait à prendre forme. L'histoire de l'Afrique du Sud de cette époque, fut une multitude de petits tremblements de terre. Cependant avec le recul, l'on peut se demander si à ce stade de son entreprise, le conquérant africain était réellement un grand visionnaire comme le prétendent la plupart de ses admirateurs. Avait-il dégagé le temps nécessaire pour surveiller la lente mais irrésistible progression de colons venus d'Europe ? Car l'on peut faire remonter le début du *Mfécane* à la fin du XVII° siècle. C'est à ce moment-là, que les Boers ont provoqué les premières bousculades ethniques, pour occuper des terres. Et les conséquences de leurs mouvements de populations, que Chaka avait visiblement négligés, allaient être par la suite incalculables pour l'avenir de l'Afrique du Sud. Mais ceci est une autre histoire. Le bâtisseur de nation et adepte de l'idée d'intégration des peuples n'gunis, dans de grands ensembles, n'en continua pas moins son œuvre. Après l'avoir fait sortir d'Egypte, pendant plus d'une génération Moïse a fait tourner en rond le peuple Hébreu dans le désert. Le patriarche, peut-on penser, voulait sans doute éviter que les anciens ayant connu la domination, l'avilissement et les courbettes n'entrent en terre promise avec leurs complexes. De même et beaucoup plus cruellement, Chaka a fait supprimer dans le sang, tous les chétifs et les vieillards des peuples vaincus. Il sera tout aussi impitoyable avec les lâches qui auront déserté le combat. Son but, a-t-il confessé plus tard, était d'unifier uniquement des peuples dynamiques, courageux et à l'esprit conquérant.

Chaka n'a conclu de marché qu'avec les jeunes vaincus, bien portants et combatifs. Il leur a laissé la vie sauve sous conditions. Ils acceptaient d'abandonner leurs noms et leurs spécificités tribales pour s'enrôler dans les régiments de sa nation en formation. Des milliers de braves guerriers des populations du Limpopo et du vieux Zambèze seront ainsi soumis et intégrés aux forces conquérantes de Chaka. Ensuite, il décida d'instaurer une « période de pause » qui était consacrée à la réconciliation. En avril 1819, Chaka demanda à ses administrateurs d'organiser deux saisons. L'une d'elles était consacrée aux razzias après les grandes pluies, tandis que l'autre fut celle du recueillement, de l'amnistie générale, du règlement des contentieux et de la réconciliation. Cette saison se terminait par une grande cérémonie. Au cours de celle-ci, des milliers de guerriers étaient remarquablement disposés sur la place centrale de la capitale pour entendre le discours de Chaka. En cette occasion, le souverain informait ses sujets sur l'état de la nation en formation, l'étendue de son territoire, le butin saisi au cours des campagnes et le moral des troupes.

Après cela Chaka agitait sa lance sacrée une fois à droite puis à gauche. De cette manière, il donnait l'ordre aux guerriers de quitter leurs positions pour se constituer en deux formations. La première fonçait vers la rivière. La seconde, après avoir formé un cercle, se mettait à danser autour du souverain dans une chorégraphie très ordonnée. Ensuite, Chaka faisait venir des centaines de combattantes portant des cannes et arborant des perles de couleurs différentes et à motifs croisés des épaules aux genoux. Ces jeunes femmes rejoignaient les régiments d'hommes, pour se mêler à la danse guerrière qui durait environ deux heures. Au terme de la cérémonie de clôture des saisons, Chaka devait danser tout seul sous les battements de mains de ses sujets. Ensuite, le souverain projetait sa lance sacrée dans la direction de son choix. Les chefs des régiments allaient ensuite planter leurs armes autour de la lance.

C'est de cette manière que les guerriers prenaient connaissance de la direction de la prochaine campagne. Cette cérémonie de clôture des saisons était toujours célébrée sous le règne de Chaka. Le *Mfécane* allait continuer de façon encore plus dure. Ceci explique que certains historiens ont pu, sans nuance, attribuer à Chaka tous les massacres et le chaos provoqués au cours de cette période. Il est difficile de leur donner tort. Toutefois, en y regardant de plus près, le jeune conquérant n'guni n'est pas vraiment à l'origine du *Mfécane*. Ce terrible mouvement de populations avait déjà débuté longtemps avant sa naissance. Les colons hollandais ont inauguré la série de massacres dès la fin du XVII° siècle pour s'installer sur des terres appartenant aux Khosas et aux Swazis. Ensuite, ces mouvements sont devenus réellement fratricides, lorsque Dinguiswayo a attaqué et battu une première fois en juin 1812, les Ngwanés du roi Matiwané. En février 1817, au cours d'une deuxième bataille aussi meurtrière que la précédente, les Abatetwas avaient encore écrasé ce clan. Bien que les Ngwanés furent intégrés à la confédération de Dinguiswayo, ils allaient à nouveau subir la foudre de Zwidé roi des Ndwandés. Celui-ci les laissa amorphes, inoffensifs, dépossédés de leur territoire et de leur bétail.

Mais contre toute attente, les Ngwanés allaient à leur tour, avec l'énergie du désespoir, attaquer et massacrer les Hlubis. Ensuite, ils ont chassé leurs survivants vers le plateau. Et ce fut le vrai début de l'ère sanglante du *Mfécane*. Les Boers, Dinguiswayo et Zwidé ont une grande part de responsabilité dans le déclenchement de ces terribles affrontements inter-ethniques. Ils n'ont cessé de se faire la guerre pendant des années directement ou indirectement par peuples interposés. Chaque défaite donnait lieu à de terribles massacres et à d'inévitables migrations tribales. Quant aux deux souverains rivaux, ils entendaient imposer leur loi à l'ensemble des N'Gunis du Nord. Malgré le caractère conciliant de Dinguiswayo, le dernier mot était presque toujours laissé au verdict des armes. Lorsque Chaka entra en scène en 1816 de manière autonome, parce que devenu souverain, un grand mal avait déjà été fait par ses prédécesseurs.

D'autres calamités furent l'œuvre de nombreux peuples qui fuyaient certes sous la fulgurante avance des troupes de Chaka, mais ces fugitifs provoquaient autant de ravages sur leur passage que les troupes combattantes. Il se trouvait aussi des clans bien structurés et suffisamment forts pour ne pas fuir devant les forces de Chaka. Ces peuples ont farouchement résisté pour défendre leur indépendance et leur liberté. Mais dans leur lutte acharnée, ils prenaient en tenailles des peuples entiers errant sans terre ni nourriture. Ils leur extorquaient le peu qu'ils possédaient avant de les repousser sans ménagement. Le redoutable clan des Mapoutos était de ceux-là. Ces intrépides guerriers ont infligé de lourdes pertes aux armées de Chaka, au cours de multiples accrochages. Ils ne manquaient jamais non plus l'occasion de massacrer, avec mépris, les rescapés de clans de fuyards n'ayant pas cherché à résister. Ainsi, les ravages des guerres du *Mfécane* n'avaient pas touché que les combattants. Une grande partie du pays était transformée en un amas de cadavres, de villages et de récoltes en feu où régnait une indescriptible et sanglante zizanie. Des populations civiles, du bétail et des paysages entiers ont été détruits. Et ce ne fut pas toujours par les forces de Chaka.

En avril 1820, après avoir attaqué et soumis les clans amaboumvou et abakwama dans une ultime stratégie expansionniste, Chaka décida de ne plus se rendre en campagne. Il confia le commandement de ses armées au chef Oum Selekatsi qui était son plus jeune collaborateur militaire. Ce dernier, dont l'histoire ne retient pas vraiment le nom, sera aussi un des acteurs du *Mfécane*. Il le fut non pas comme chef des armées de Chaka, mais comme dissident. Un fait presque banal dans l'histoire des grandes aventures humaines, est que l'ambition de certains proches des meneurs débouche souvent sur la trahison. Au sommet de la gloire militaire, le chef Oum Selekatsi projeta d'abandonner Chaka pour fonder son propre royaume.

Ce grand chef de guerre pensait la chose aisée, du fait qu'une grande partie des troupes du souverain était sous son commandement. L'homme choisit l'occasion d'une expédition punitive, dans le Nord du pays, pour s'adresser à ses combattants. Il leur demanda de déserter pour aller fonder leur propre royaume. Bien que redoutant le sort que leur réserverait Chaka si celui-ci venait à être informé de cette dissidence, les hommes acceptèrent la proposition de Oum Selekatsi. Pour ne pas éveiller les soupçons de l'empereur, le chef de guerre dissident lui envoya des messagers. Il fit avertir le souverain de son possible retard. Cette fois son armée ramenait un nombre incalculable de têtes de bétail. Ceci entraînait des difficultés de manœuvre pour avancer. En même temps, Oum Selekatsi chargea quelques-uns des messagers de prendre discrètement contact avec des jeunes filles n'gunies. Celles-ci logeaient presque toutes dans un quartier situé aux abords immédiats d'un de ses régiments. Les messagers devaient les mettre au courant de ses projets et leur demander de se préparer à partir. Outre le fait que Chaka n'aimait pas « l'inhabituel » dans le déroulement de ses opérations, l'homme avait le don quelquefois de flairer les complots. Pressentant la trahison de Oum Selekatsi, il donna l'ordre au chef Magolwané de prendre la tête de quelques régiments de réserve, pour aller mater le chef de guerre dissident et ses complices.

Oum Selekatsi comptait aussi sur une alliance avec Soshangane. Ce dernier était un ancien commandant des forces de Zwidé qui avait choisi de faire cavalier seul. Après la défaite de son souverain, le Ndwandé avait décidé d'aller fonder son propre royaume. Finalement Soshangane ne se joindra pas aux troupes de Oum Seletkatsi contre Chaka. Il choisit de se tenir à l'écart du conflit qui opposait le souverain n'guni à l'un de ses chefs de guerre. Quant à Magolwané envoyé par Chaka pour arrêter Oum Selekatsi, il échouera. Pour éviter de faire son rapport à Chaka, Magolwané fera aussi dissidence pour aller fonder le royaume des Matchakanas. Il ne laissera que morts et ruines sur son passage, notamment lors de la traversée du Zambèze.

De son coté, Oum Selekatsi toujours poursuivi par d'autres troupes envoyées par Chaka, s'inspirera de la tactique de ce dernier. Pour éviter d'être rattrapé, il a fait le vide entre son armée et les troupes de Chaka lancées à ses trousses. Le chef de guerre dissident a appliqué une impitoyable tactique de la terre brûlée. Il a fait massacrer tous les enfants, mais aussi les femmes et les hommes d'âge avancé dans les villages vaincus, pillés et brûlés. Après cela, il a incorporé les jeunes hommes qui acceptaient de servir dans ses forces. Avant de s'arrêter pour fonder son royaume en février 1820, Oum Seletkatsi aura fait périr la majorité des populations appartenant aux clans pacifiques des Bapédi, Bassouto et Bétchouana. Nombre d'historiens ont, volontairement ou non, passé sous silence toutes ces dissidences. Elles ont pourtant eu de terribles conséquences au cours du *Mfécane*. Ces actions (ou réactions) ont provoqué presque autant de morts et de destructions que les campagnes de Chaka. D'autres conséquences du *Mfécane* ont été le pillage des récoltes, des greniers et l'incendie des villages. Ceci a occasionné d'épouvantables famines, et les épidémies ont fait le reste. Elles ont ravagé des peuples sans défense, mais n'ont pas épargné les guerriers.

Lors d'une expédition dans le Nord du pays, 30 000 combattants des armées de Chaka moururent de maladies. Pourtant d'une manière étonnante, c'est par ce cyclone infernal, que le conquérant africain aura réussi son pari de bâtir un immense empire fort et homogène, en intégrant tous les peuples n'gunis. Pour Chaka, le *Mfécane* n'avait pas pour seuls buts destructions, morts et chaos. Ce mouvement apocalyptique était presque inévitable. Tous les clans concernés par le phénomène avaient vécu pendant trop longtemps sclérosés et repliés sur eux-mêmes dans des structures archaïques. Ils n'en sortaient que pour s'entre-tuer. Les N'Gunis de cette époque hésitaient énormément sur leur avenir. Le doute et l'incertitude avaient envahi leur conscience collective. Chaka avait observé durant son séjour chez Dinguiswayo, que des politiques de persuasion et de coexistence pacifique, qui n'étaient que paix à couteaux tirés, furent peu efficaces pour les réconcilier et les unir. L'Afrique du Sud évoluait depuis trop longtemps dans cette cohabitation de petits clans, que des intérêts spatiaux et économiques divisaient. Du fait de contraintes géopolitiques, économiques et sociologiques inhérentes à la diversité des peuples locaux, les conflits inter-ethniques avaient depuis longtemps déstabilisé tout le pays. De puissants prédateurs, d'abord Zwidé et Dinguiswayo entre autres, ensuite Chaka, avaient toujours envisagé d'écraser et de soumettre toutes les petites entités autonomes du pays. La fréquence et la violence de plus en plus grande de ces guerres fratricides étaient à l'origine de l'éclosion d'alliances multitribales. L'union et le nombre faisant la force, beaucoup de clans pensaient pouvoir mieux résister. Mais quelle que soit la nature de ces alliances elles ne furent qu'éphémères. Dans une telle configuration ethnosociale de petits clans, les ambitions et impératifs des uns ne pouvaient pas toujours être compatibles avec les nécessités des autres. Cela fit le jeu de Chaka, une telle anarchie, pensait-il, légitimait sa logique d'ordre et d'unité, même par la force voire dans la démesure. Car une telle configuration ne pouvait que favoriser des intrigues et alliances circonstanciées des uns avec les autres et à terme contre tous.

Tous ces facteurs peuvent aider à comprendre l'essor rapide du futur empire zoulou par ce mouvement apocalyptique du *Mfécane*, et pourquoi Chaka avait décidé d'apporter une solution radicale à cette problématique. Car le conquérant africain pensait, contrairement à Dinguiswayo, que ces peuples devaient d'abord être vaincus et soumis. En fait de cette manière certes brutale, l'homme n'a fait que répondre à des nécessités historiques. Dans ce pays, l'histoire retient aussi que les colons européens ont assis leur entreprise d'implantation dans le sang. Ce fut d'abord par les grands mouvements de populations des Boers qui ont bousculé et massacré des clans entiers, pour occuper leurs terres, ceci de la fin du XVII° au XVIII° siècle. Ensuite, une sanglante guerre les a opposés aux Anglais dont ils contestaient l'autorité sur le pays. Aussi, dans l'histoire de l'Afrique du Sud du XIX° siècle, il n'y avait rien de vraiment étonnant à ce que Chaka ait pu bâtir un empire par la force. L'homme réussira ensuite à étendre sa puissance sur la presque totalité du pays, en bousculant durablement la carte de l'Afrique australe.

Pourtant, aux yeux de nombreux historiens, Chaka Zoulou reste seulement celui qui a imposé ses idées et ses objectifs à des peuples uniquement par la force et dans le sang, en usant d'une extrême cruauté. Ne retenir que cet aspect de son épopée serait passer sous silence le fait que beaucoup de clans ont volontairement accepté d'intégrer sa nation en formation. Et par la suite, sans la volonté d'unité de la plupart de ces peuples comme les Abatetwas, il n'aurait jamais réussi cette entreprise gigantesque. Avant comme après Chaka, nombre de souverains de ce pays et même de tous les coins du continent noir ont tenté une telle œuvre. Ils ont eu l'ambition de réaliser la même chose, suivant les mêmes nécessités historiques. Mais leurs résultats ont été moins concluants que celui de Chaka. Parce que nul meneur, dans l'histoire de ce continent, n'a eu le charisme du premier empereur zoulou. Pour ce qui est des rassembleurs en Afrique du Sud, au commencement était Jobé. Ensuite, il y eut Zwidé et Dinguiswayo. Ce dernier a sans nul doute inspiré Chaka dans ses ambitions futures. Sans Dinguiswayo, il n'y aurait jamais eu de Chaka bâtisseur de nation, ni de nation zouloue.

Dinguiswayo était un monarque efficace et brillant. Il l'était tant dans la manière d'administrer son royaume que dans le pragmatisme et le sens de l'unité qu'il mit pour tenter de fédérer tous les clans n'gunis. Mais il se montra moins apte que Chaka à fonder une grande nation homogène. Car il n'eut ni le temps ni les moyens d'intégrer ces peuples différents, en gommant leurs particularités longtemps source d'éternels conflits. L'homme a également échoué, faute de prévoyance face à des ennemis comme Zwidé qui n'ont toujours cru qu'aux vertus de la force. C'est pour avoir su éviter cela que Chaka a réussi son pari. Les méthodes des deux hommes étaient radicalement différentes. Celle de Chaka semble humainement discutable du fait de sa cruauté, mais elle triompha parce qu'elle était plus réaliste dans ce contexte. L'homme ne croyait guère à l'adhésion volontaire de tous ces clans continuellement belligérants. Pas plus qu'il ne croyait à la persuasion morale qu'avait vainement déployée Dinguiswayo. C'est ainsi que Chaka choisit de conquêtes en conquêtes, de saccager avec une rare brutalité toutes les micro-sociétés et chefferies n'gunies rebelles. Le souverain africain jettera ainsi les bases d'une nouvelle configuration démographique, militaire, économique et sociale.

Ensuite, Chaka allait recomposer les débris de ces nombreux peuples survivants en quête de refuge et d'habitat. Il les organisera en les disciplinant, pour en faire une grande nation. L'homme, au cours de son initiation chez Dinguiswayo, avait observé que le nomadisme ne pouvait engendrer un État fort et bien organisé. Il s'appuiera donc sur le sédentarisme agricole des N'Gunis. Mais toujours fidèle à sa méthode martiale, Chaka prendra comme principal fondement une organisation militaire puissante pour cimenter les relations entre ses sujets et assurer la stabilité et la prospérité de cet ensemble naissant. Nul autre meneur africain, avant lui, n'avait réussi à mettre sur pied une aussi efficace et impressionnante force militaire au service d'une cause. Et celle-ci, il réussira à la faire partager à tant de peuples si différents, qu'ils finiront par intégrer l'idée même de nation, en gommant tout ce qui les séparait depuis des siècles.

Chaka mettra en place les structures d'un pouvoir central pour cordonner les différentes activités socio-économiques et réaliser l'unification administrative et culturelle de cet ensemble. Il décida dans ce système de transcender les intérêts individuels au profit de la nation. Le souverain n'guni brisait ainsi le cadre réducteur que constituait le clan depuis des siècles. Comme l'aboutissement d'une mission sacrée, il se proclama Père de cette nouvelle Nation. Cependant, il avait toujours pensé que N'Guni était un nom laid et affligeant. Un tel nom ne pouvait pas être suffisamment impressionnant pour un peuple conquérant. Pendant qu'il parlait à ses conseillers, un grondement de tonnerre venu des montagnes du Sud couvrit sa voix. Il leva les yeux vers le ciel et dit :

« - Je regarde les peuples et ils tremblent. Voilà pourquoi je ressemble à ce grand nuage où gronde le tonnerre. Alors mon peuple qui me ressemble et s'identifie à moi s'appellera Zoulou, c'est-à-dire les fils du ciel. »

C'est ainsi que par ces phrases - qui sont restées célèbres dans l'histoire africaine - Chaka proclama officiellement, au mois de novembre 1820, la naissance de la nation zouloue. Pour le père de ce peuple qui deviendra mythique, Zoulou est un nom qui sonne comme un tambour de guerre et tonne comme un grondement d'orage. Les autres clans sud-africains les surnommeront les *Lifakanis,* c'est-à-dire ceux qui hachent et taillent l'ennemi en pièce. Quant aux Zoulous, ils décideront de s'appeler entre eux *Ama Zoulous,* qui veut dire les célestes (ou ceux du ciel). Cette grande nation mettra au point un système socio-économique, culturel et militaire discipliné, qui allait survivre des siècles.

CHAPITRE V

LES FORCES DE L'EMPIRE

En recoupant toutes les descriptions faites de lui par la plupart de ceux qui l'ont approché, se dégage une image précise de Chaka Zoulou. L'homme avait la peau fine et d'un brun foncé. Chaka se tenait toujours droit, le port élancé et d'une grande prestance. De constitution robuste, sa force physique était impressionnante. Il pouvait diriger des exercices militaires ou des danses collectives durant des heures, sans aucune trace de fatigue. Chaka était réputé avoir mauvais caractère. Le regard perçant, il était précis, rigide et doué d'un remarquable sens de l'analyse et de l'organisation. Sa vivacité d'esprit était peu commune et son intelligence riche et claire. Les ordres que ce souverain charismatique donnait à ses conseillers civils et aux chefs commandant ses troupes ainsi que les objectifs qu'il leur fixait, étaient sans aucune ambiguïté.

Dans l'histoire de l'humanité Chaka était un de ces meneurs, qui se sont énormément investis dans le don de soi. Mais l'homme était presque impossible à cadrer, dans ce qu'il avait d'insolite, de déroutant et d'imprévu. Il était incontestablement un grand visionnaire, mais tourné vers sa conception et son approche personnelle du monde extérieur. Celles-ci étaient étrangement rythmées par des contradictions, des fragilités et une complexité psychologique, dans une dimension pourtant de simple, voire même de banal mortel. En fait, il y avait de curieuses notes émotionnelles dans la partition du personnage. Mais aux dires de tous ceux qui l'ont approché, elles n'ont jamais brouillé son redoutable génie militaire. Pas plus qu'elles n'ont altéré la légendaire efficacité de l'organisateur et brillant administrateur civil. Une preuve de plus que raison et émotion se côtoient bien souvent, pour n'être nullement des exclusivités l'une hellène, l'autre nègre.

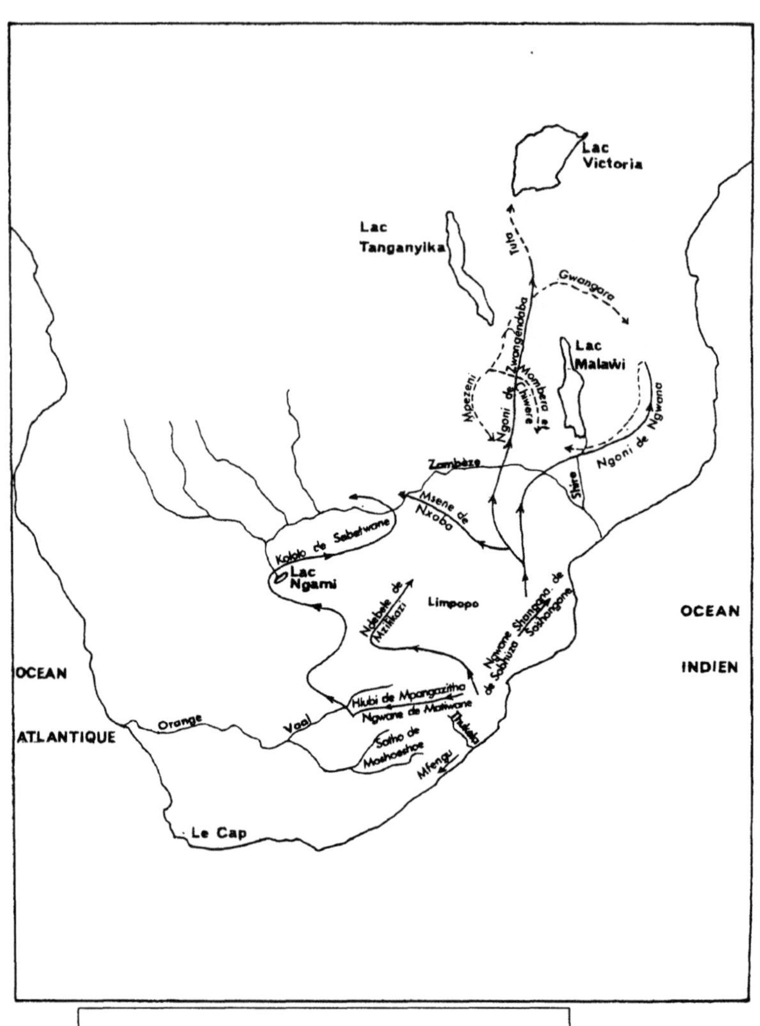

LES DIFFÉRENTES MIGRATIONS DU MFÉCANE

Chaka avait réalisé à quel point l'inertie de leurs structures internes et la stérilité de conflits récurrents avaient paralysé les sociétés n'gunies. Pendant longtemps, celles-ci avaient été retardées dans toute forme d'évolution. Aussi, quand il entreprit sa vague déferlante de conquêtes, au cours du *Mfécane* il avait décidé d'aller très vite. Ceci pour éviter de laisser se reformer les pesanteurs réactionnaires des clans qu'il avait attaqués et écrasés. Le rythme infernal qu'il a ainsi déployé avec une vitesse foudroyante, était une synthèse instinctive de sa redoutable force en mouvement.

L'étape suivante fut la réorganisation de cette force armée, pour souder ses sujets et assurer le rayonnement de l'empire en même temps que la stabilité du pays. Avant Chaka, les mobilisations militaires étaient épisodiques chez les N'Gunis. La première innovation du souverain zoulou fut d'introduire l'idée de service militaire continu. C'était une véritable révolution dans ces vieilles sociétés qui, traditionnellement, avaient toujours privilégié les activités d'élevage et de cultures vivrières. Avec Chaka les mobilisations allaient être permanentes au sein d'une armée professionnalisée à l'extrême. L'objectif du conquérant africain était de maintenir durablement son « empire nation », en lui assurant la stabilité et la sécurité. Il voulait aussi s'appuyer sur une force militaire pour souder tous ces peuples différents autour de valeurs morales, économiques et culturelles.

Ceci n'est pas une initiative extraordinaire dans l'histoire de l'Afrique. Il y eut des précédents, avec notamment l'Égypte, les empires d'Axoum, du Ghana et du Mali. Mais l'idée originale du conquérant zoulou - ce qui le distingue des autres grandes figures du continent noir - est d'avoir utilisé, comme principal support et ciment d'un empire, l'une des armées les plus impressionnantes de l'histoire. Déjà au chapitre des innovations, dans une société de vieilles traditions matriarcales, Chaka avait commencé par constituer des régiments de combat (*Impis*) d'un millier de guerriers des deux sexes. Chaque Impi était placé sous le commandement de l'équivalent d'un général (*Indouna*). Le premier souverain zoulou constituera aussi, des Impis uniquement composés de jeunes filles non combattantes. Ces unités avaient pour mission de prendre en charge la logistique des forces de l'empire. Elles s'occupaient de l'approvisionnement des troupes, de la cuisine et du transport du bétail. Ces jeunes filles avaient pour consigne de nourrir les combattants avec de la viande, des céréales et du lait. Les Impis de jeunes filles étaient logés dans des *Séraglios* (casernes féminines) qui pouvaient accueillir, chacune, jusqu'à 5 000 enrôlées. Il était interdit aux hommes d'y pénétrer sous peine de mort.

Quant aux guerriers mâles, leurs casernements étaient bâtis comme des « villages militaires » où vivaient environ 40 000 hommes. Pour gagner du temps, Chaka supprima les cérémonies de circoncision. Ces rites traditionnels d'initiation furent transformés en préparation militaire pour les adolescents zoulous. Toutefois, Chaka n'est pas à l'origine de cette innovation. Vers la fin du XVIII° siècle, les guerres tribales devenaient fréquentes dans le pays. Les cérémonies traditionnelles d'initiation, par la circoncision et par la claustration rituelle, ne pouvaient qu'affaiblir la force de combat d'un clan à un moment critique.

C'est à cette époque-là que les chefs des clans sothos les abandonnèrent. Et beaucoup plus tard, ils furent imités par la plupart des autres souverains n'gunis. Cet espace de temps ainsi libéré, permit aux clans du pays de constituer des classes d'âges. Celles-ci se transformaient en unités de combat chaque fois que cela était nécessaire. Autrement dit, si le principe existait auparavant, c'est Chaka qui a transformé ces classes d'âges en régiments d'âges. Ceux-ci seront soumis par la suite, à une période de service militaire pouvant durer une vingtaine d'années et dans un célibat total. Le mariage n'était autorisé qu'aux seuls combattants qui faisaient leurs preuves au service de la nation. Alors qu'auparavant, même Dinguiswayo et Zwidé, constamment engagés dans des guerres fratricides, démobilisaient leurs troupes après chaque campagne. Donc, si par le passé, les N'Gunis constituaient des unités qui ne devaient servir qu'en cas d'agression ou d'invasion ennemie, voire de conquête, avec Chaka ces unités étaient maintenues presque en permanence au service de l'empire. Ceci a permis au souverain d'opérer plus facilement une véritable militarisation des structures sociales de la nation zouloue. Car à partir de cette innovation, au temps qui correspondait à la période de la circoncision, dès qu'il y avait un nombre suffisant de jeunes gens âgés de 16 ans, ils étaient convoqués au commandement des forces de la capitale. Le Premier ministre et son principal collaborateur militaire choisissaient un nom et un uniforme pour constituer un nouvel Impi.

Ensuite, ils nommaient un Indouna à la tête de chaque nouvel Impi. Les autorités militaires veillaient à éviter tout contact au début entre les jeunes enrôlés et les anciens. Chaque Impi nouvellement constitué se voyait construire une caserne sur un emplacement désigné. Les nouveaux combattants de ces unités étaient ensuite soumis à une discipline de fer, en même temps qu'un entraînement intense et permanent. On apprenait aux guerriers novices à marcher et à courir sans sandales. Pour cela, les chefs militaires les obligeaient à danser pieds nus sur des branches d'épines. C'est seulement au bout de quelques mois de cet entraînement original qu'ils étaient initiés au maniement des armes et aux techniques de combat. Les peuples sud-africains ont toujours dansé. Mais au début de l'empire, c'est Chaka qui a conçu et enseigné à ses hommes l'art des danses guerrières. Selon la tradition zouloue, un soir de pleine lune il entraîna ses Impis sur les champs d'épines. Ensuite, il se mit à danser levant très haut les jambes, et frappant du talon la terre rouge de toutes ses forces. Il dit à ses guerriers :

« - Dansez avec moi. Frappez très fort le sol pour endurcir vos pieds. Ainsi vous pourrez évoluer au devant de vos ennemis. Jusqu'au dernier, vous les battrez. À la prochaine pleine lune nous danserons à nouveau tous ensemble. »

Depuis ce jour, la terre sud-africaine ne cessera plus jamais de résonner sous les pieds de ces *Fils du ciel*. Car longtemps après Chaka, chants et danses guerrières scanderont encore tous les combats de résistance et de libération dans ce pays.

Durant tout son règne, Chaka a veillé personnellement à ce que les guerriers zoulous ne restent jamais sans rien faire. Les unités de combats effectuaient en permanence de longues marches et de grandes manœuvres militaires. Ces activités très éprouvantes, pour les hommes comme pour les combattantes, étaient toujours coupées de danses collectives. Bien avant la formation de l'empire, le premier Impi créé par Chaka en juillet 1816 après son arrivée au pouvoir est Amawondé. Cette unité d'élite fut constituée avec les plus fidèles combattants de la première heure. Elle sera ensuite intégrée comme fer de lance à la division Umbélébélé, qui comptera 5 Impis.

Entre 1821 et 1828, Chaka décidera de réformer profondément les forces de l'empire. Vers la fin de son règne il disposera d'une redoutable armée composée de plusieurs divisions, dans lesquelles étaient réparties tous les Impis. Chaque Impi comptait trois ou quatre bataillons, composés chacun de cinq compagnies ou plus. Une cinquantaine d'hommes étaient affectés à chaque compagnie. Il revenait à des chefs nommés par les autorités l'honneur de commander les bataillons. L'empereur zoulou demandera à chaque Impi de cultiver sa spécificité par des chants, des signes distinctifs, des tenues de guerre, des bandeaux, la couleur des boucliers et des plumes d'animaux fixées aux cheveux. Ceci permettait au souverain de manœuvrer aisément sur le terrain, en distinguant ses différentes formations.

Au cours de la période précédant l'empire, les guerriers n'gunis se battaient avec deux armes. Ils utilisaient une lance de jet et une sagaie pour d'éventuels combats rapprochés. Chaka imposera aux Zoulous son approche guerrière révolutionnaire du combat au corps à corps, par la *Formation en tête de buffle*. C'est pour l'adapter à cette tactique, qu'il avait commencé par réformer l'armement des combattants zoulous. Chaka n'a jamais voulu utiliser l'arc et les flèches comme d'autres clans guerriers du pays, notamment les Thwas. De même qu'il a supprimé chez les Zoulous toute arme à lancer. Celle-ci, d'après le souverain, pouvait développer des réflexes de peur voire de fuite. On ne conservera donc plus qu'une petite sagaie à hampe très raccourcie et une lame élargie (*Mokondo* ou *Iklwa)*. C'est une arme d'environ 1 m 20 de long, dont 45 cm de fer. Chaka la fera allonger en alourdissant la lame, pour en faire l'équivalent d'une épée à double tranchant, capable de tailler et de transpercer l'adversaire. Une telle arme à courte portée, pensait Chaka, devait plus facilement obliger le combattant zoulou à accepter le corps à corps.

Toutes les unités d'assaut en seront équipées. Tandis que pour les guerriers de choc, spécialement préparés à la confrontation de masse, ce sera une hache (*Chaké*). Le souverain zoulou équipera aussi l'ensemble de ses guerriers d'un bouclier allongé (*Isihlangu)* d'une longueur variant entre 1 m 20 et 1 m 40. Cette innovation permettait de mieux protéger le corps du combattant. Pour avoir beaucoup espionné les Anglais de Port Elisabeth, Chaka était conscient de la puissance des armes à feu. Mais jusqu'à la fin de son règne il restera convaincu de leur infériorité, par rapport à l'armement traditionnel des guerriers zoulous. Il disait souvent des armes à feu qu'elles sont un rempart pour les lâches. Il fit un jour la démonstration suivante à une tribu locale non encore intégrée à la nation zouloue.

Il leur demanda s'ils considéraient leur nombre suffisant pour affronter ses Impis. Ceux-ci répondirent qu'oui. Le souverain leur fit remarquer qu'il n'aurait aucune peine à les conquérir. Ils avaient adopté les méthodes de combats des Européens avec des armes à feu. L'ennui est que celles-ci se déchargent. Ce qui nécessite un temps précieux pour les rendre à nouveau opérationnelles. Cette perte de temps, lui, Chaka la mettrait à profit pour se rapprocher et ce, quel que soit le nombre de guerriers devant tomber. Chaka n'avait donc confiance que dans la loi du nombre et la tactique du raid offensif rapproché. Il savait cette méthode de combat parfaitement adaptée à l'armement qu'il avait imposé à ses guerriers. Chaka n'a jamais été intéressé par les fusils. Presque tous ses successeurs l'ont imité. Il a fallu attendre 1877, pour que le quatrième empereur zoulou, Cétiwayo, adopte les armes à feu pour faire face à l'expansionnisme agressif des colons. Il importera près de 20 000 fusils et 10 000 tonnes de poudre, via le Mozambique. Mais ce matériel ne servira presque jamais. À la bataille de Hisandhlawana, comme dans les autres combats les ayant opposés aux colons, les Zoulous privilégieront leur armement traditionnel. Dans l'histoire africaine, deux grands génies militaires ont réellement innové en matière de techniques de combat. L'Almamy Samory Touré autre bâtisseur d'empire (Wassoulou), fut un grand résistant guinéen opposé à la colonisation française. Cet homme original, conscient de la nécessaire cohésion des différentes unités composant une armée, inventa le *Corps uni combattant*.

L'Almamy donnera à ses unités les noms du corps humain. Les unités de l'avant, étaient appelées *Nyan* (visage). Celles de l'arrière étaient *Ko kisi* (ou sauvegarde du dos). Celles qui évoluaient à la droite de l'Almamy étaient les *Kinis bolos* (ceux de la main droite). Les unités de gauche étaient dites *Noumams bolos* (ceux de la main gauche). Enfin les forces de choc ou unités du centre étaient *Disi* (la poitrine de l'armée). Dans une parfaite coordination, toutes ces unités devaient manœuvrer au combat au signal du tambour de guerre, comme un seul homme. Mais bien avant Samory Touré, Chaka inventa la tactique de la *Formation en tête de buffle*. Après avoir adopté l'armement idéal pour le corps à corps, il divisera ses corps d'armées en arcs de cercle.

Deux d'entre eux constituaient *les Ailes volantes*, matérialisant les cornes du buffle. Elles étaient chargées du rabattage de l'ennemi vers le centre. Tandis que les formations du centre (ou *Crâne du buffle*), étaient constituées par deux autres unités. Leur rôle était de toujours avancer droit sur l'ennemi, l'une derrière l'autre, pour l'attirer dans un corps à corps. Quant à la réserve, elle était constituée de guerriers vétérans âgés de 40 à 60 ans. Ils restaient en attente le dos tourné au champ de bataille. En cas de très grosses pertes, ces respectueux anciens pouvaient être jetés dans la mêlée pour une ultime charge. Le mouvement d'ensemble de toutes ces unités, en formation dans des rangs serrés, se faisait à une cadence égale et juste sur l'ennemi. Ce qui, pour Chaka, devait toujours refléter la discipline des guerriers zoulous. Une tactique à peu près identique est utilisée depuis longtemps en Afrique par les chasseurs de fauves. Mais celle mise en place par Chaka, à des fins guerrières, est une véritable innovation à mettre à l'actif du génie militaire zoulou. Car c'est pour adapter l'armement de ses guerriers au combat rapproché que Chaka s'est vu obligé de perfectionner une tactique correspondante.

La *Formation en tête de buffle* convient parfaitement à l'emploi de la sagaie courte pour des combats au corps à corps. Cette tactique restera comme l'une des plus intelligentes de l'histoire militaire. L'objectif y est de provoquer l'ennemi, en le rabattant toujours vers le centre grâce aux unités des *Ailes volantes* (ou cornes), pour l'encercler et l'anéantir totalement sans qu'il n'ait aucune possibilité de se défiler. Pour cela, concrètement, les unités du centre (*Crâne du buffle*) avançaient en concentrant son attention pour l'obliger à faire face. Pendant ce temps, les *Ailes volantes* (ou cornes) se déployaient avec rapidité et agilité sur ses flancs, pour toujours le rabattre vers le centre en l'empêchant de décrocher. Lorsque la manœuvre réussissait, l'ennemi était enfermé dans un véritable étau, et détruit sans pitié. Toutefois, en chef de guerre rusé qu'il était, Chaka savait qu'à force de battre ses adversaires avec une tactique aussi originale qu'efficace, ces derniers finiraient toujours par l'étudier, voire l'adopter. Aussi, au grand étonnement de tous, il lui arrivait d'imposer aux guerriers zoulous, au beau milieu d'une bataille, une tactique des plus classiques. Sous son règne les armées zouloues compteront jusqu'à 100 000 hommes.

ARMEE ENNEMIE

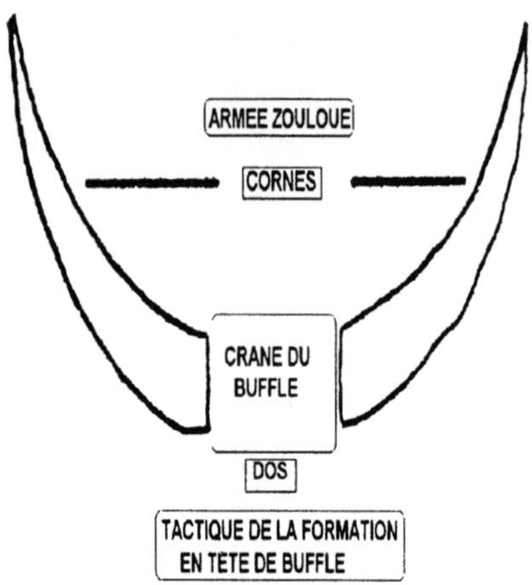

TACTIQUE DE LA FORMATION EN TÊTE DE BUFFLE

Les guerriers de l'empire, étaient âgés de 16 à 40 ans environs et répartis en une centaine d'Impis, sans distinction ethnique. Mais les sédentaires démobilisés et âgés de 40 à 60 ans pouvaient constituer une réserve en cas de besoins. Toutefois, l'âge de 60 ans avancé par certains historiens et par la tradition orale est discutable, au vu de l'espérance de vie qui ne devait pas dépasser 40 ans pour l'époque. Lorsque les forces de l'empire étaient en campagne, suivait une bonne logistique généralement assurée par les Impis de jeunes filles. C'était pour l'essentiel du bétail, des céréales et du lait. Chaque combattant zoulou, contrairement à la période précédent le pouvoir de Chaka, avait dans ses bagages de la viande séchée et de l'eau. Mais en cas d'épuisement des vivres transportés par les Impis féminins chargés de l'intendance, les guerriers étaient autorisés à vivre de bétail saisi dans les territoires conquis. Car jusqu'à la fin de son règne, l'une des problématiques majeures que Chaka ait eu à résoudre, fut celle de nourrir ses milliers de combattants, surtout quand ceux-ci étaient en campagne.

Cependant, le souverain zoulou a toujours cruellement insisté sur deux points, qui lui semblaient essentiels : la discipline et la combativité. C'est ainsi qu'il choisit de faire un exemple qui allait marquer les guerriers zoulous pour toujours. Au retour des dures campagnes contre les Amaqwabés, il fit rassembler toute la population de la capitale, avant de la rejoindre. À son arrivée, Chaka dressa en l'air sa sagaie pour réclamer le silence à tout le monde. Suivi de ses conseillers et de quelques personnalités militaires, il inspecta tous les Impis présents et qu'il avait conduits aux combats. À la fin de la revue, le chef de guerre se tint devant eux et demanda à chaque guerrier de sortir des rangs et en ordre. Ils étaient invités à présenter chacun sa sagaie.

Ceux qui avaient pu présenter leurs armes regagnèrent les rangs. Tandis que les autres reçurent l'ordre de se ranger à la gauche du souverain. Celui-ci demanda ensuite aux chefs des Impis, d'envoyer se joindre à ce groupe leurs guerriers qui, sans en avoir reçu l'ordre, avaient reculé au moins une fois lors des récents combats. À la fin de ce tri, Chaka demanda que l'on déshabille ceux du groupe de gauche. Il fit venir deux Impis de vétérans et les plaça en face d'eux, avant de se tourner vers la foule :

« - Honorables Zoulous prêtez l'oreille pour écouter attentivement ; ouvrez aussi les yeux pour ne rien oublier de ce que vous allez voir. Vous serez témoins de ce qui va se passer ici maintenant. Vous serez également témoins de l'ordre des choses que je vais décréter aujourd'hui. Ces gens qui sont rangés là les voyez-vous bien ? »

« - Nous les voyons ! » répondit la foule.

« - Ce sont tous, continua Chaka, des poltrons et des lâches qui ont déserté le combat comme jamais un guerrier zoulou n'aurait dû le faire. J'ai toujours fait savoir à toute la nation, que je ne tolérerais de la part d'aucun combattant une telle indignité. Fuir devant l'ennemi en abandonnant son arme, c'est jeter le déshonneur sur le nom de Zoulou que nous portons et sur la réputation de notre nation. Un Zoulou qui respecte nos valeurs, notre sens de l'honneur, doit être invincible. Mais ces lâches ont oublié tout cela. Ils ont déserté. Pire encore, par cet acte ignoble ils font porter dès à présent sur nous un mauvais présage pour l'avenir. Les autres peuples de ce pays peuvent penser qu'un jour viendra où nos guerriers seront vaincus et notre nation écrasée. C'est pourquoi pour l'exemple, ces lâches méritent d'être bannis et châtiés sans pitié. »

Chaka leva ensuite les yeux vers les deux Impis de vétérans alignés devant lui. Il fixa attentivement leur chef. Puis sans rien dire, il leva sa sagaie pour la pointer en direction des condamnés. Et ce fut le signal de départ pour un indescriptible massacre. Le sang colora tout l'emplacement où étaient disposés les condamnés. Des femmes, probablement leurs proches, se mirent à hurler de douleur. D'autres, plus prudents et redoutant la réaction du souverain, restèrent calmes. Chaka quant à lui, ne se laissa pas attendrir. Imperturbable il donna l'ordre de faire évacuer tous les cadavres. Ensuite, après un court moment de répit accordé à la foule, il reprit la parole :

« - Ceux-là, dit-il, sont les hommes qui au moment du corps à corps avec l'ennemi, ont ignoré nos règles fondamentales de combat. En préférant un moindre risque ils ont jeté de loin leur sagaie. Cette arme est faite pour être tenue à la main pour affronter et tailler l'ennemi en pièce. En agissant comme ils l'ont fait, ces hommes ont transgressé nos lois. La respectable nation zouloue qui a été bâtie dans le sang, n'a cessé de montrer un exemple de courage, de sacrifice et d'abnégation à tous les autres peuples de ce pays. Pour cette raison, nous ne devons tolérer ni lâches ni déserteurs dans nos rangs. Avoir pitié de guerriers qui se sont comportés d'une façon aussi lamentable et déshonorante pour la nation zouloue, serait faire preuve de faiblesse. À l'avenir, ceux qui seraient tentés de les imiter doivent savoir ce qui les attend. Ils doivent savoir que nous ne pouvons accepter chez un guerrier zoulou que le courage, la combativité et la victoire. Et notre grande nation n'attend qu'une chose de ses enfants, le rayonnement de sa puissance et de sa gloire partout où ses guerriers se battent. Elle ne veut donc pas de ceux qui ne lui amènent que la défaite et la honte, qui risquent de rejaillir sur nos descendants des générations durant. J'ai décidé que pour l'exemple, ces hommes indignes d'être des Zoulous, indignes de porter nos armes et notre nom, doivent mourir. »

La foule avait compris que Chaka s'apprêtait à faire exécuter tous ces guerriers. Alors se produisit une chose totalement imprévue. Nandi la reine mère qui était toujours aux cotés de Chaka mais n'intervenait jamais publiquement, se mit à supplier son fils en ces termes :

« - Seigneur mon fils, daigne m'entendre ! Ô Zoulou, rentre tes griffes et modère ta colère. Ces hommes ont compris la gravité de leur faute et ne recommenceront plus. Accorde-leur la vie sauve. »

Alors Chaka déclara à voix haute pour que toute l'assistance puisse l'entendre :

« - Pour l'amour de ma mère et pour cette seule et sacrée raison qu'elle me le demande, je leur accorde la vie sauve. Mais désormais, l'arme ne devra plus jamais quitter la main du guerrier zoulou. »

Chaka était devenu cruel, et d'une intolérance démesurée, au point de faire massacrer publiquement ces dizaines de guerriers. En fait, leur seul crime était d'avoir opéré un mouvement de repli, après que leurs ailes furent enfoncées. Certains d'entre eux avaient abandonné leurs armes. Cette faute était traditionnellement punie de mort chez les Zoulous. Pourtant, ils réussiront par la suite une contre-offensive victorieuse. Mais cela était insuffisant aux yeux de Chaka pour les racheter. Quant à ceux qui avaient choisi de lancer leurs armes, seule l'intervention de Nandi, mère du souverain a pu les sauver.

Après avoir fait exécuter les guerriers zoulous pour lâcheté ou recul devant l'ennemi, le souverain passa à la séance des récompenses. Il donna l'ordre de faire distribuer tout le butin saisi au cours des deux dernières campagnes, aux guerriers des Impis qui s'étaient particulièrement distingués aux combats. Une partie du butin fut également distribuée aux familles des guerriers tombés aux combats. Et le plus courageux des combattants zoulous fut promu Indouna et nommé à la tête de son Impi. Il eut en outre le privilège de choisir une centaine de têtes de bétail et de nombreux taureaux dans les troupeaux personnels du souverain.

Quant à la sanglante démonstration précédant la séance des récompenses, elle eut par la suite un effet déterminant sur la combativité des forces de l'empire. Plus aucun Impi n'eut à déplorer de déserteurs ou de lâches, ayant reculé au combat. Aussi, la population zouloue admirait de plus en plus son armée. Elle ne manquera plus jamais l'occasion d'assister aux différentes revues de troupes. Ces présentations militaires avaient des allures de cérémonies bon enfant. Généralement quelques Impis de jeunes gens arrivaient devant le palais impérial, juste avant d'être passés en revue par le souverain. Les guerriers portaient tous des boucliers noirs, symbole de l'ancien régiment de Chaka dans l'armée abatetwa. Cependant, ces formations étaient faciles à distinguer par la forme et l'ornementation de leurs coiffures. Celle d'un Impi était une coiffe avec une pointe de quelques six centimètres environ et un bouquet de plumes en haut. La coiffure d'un autre Impi était un turban en loutre avec une plume ou deux de grue de chaque côté. Enfin le troisième adoptait, quant à lui, des bouquets de plumes sur toute la tête et tenues solidement par de petites attaches.

Au pas de gymnastique ces formations militaires passaient la porte, pour remonter la principale artère de la capitale. Elles s'arrêtaient juste devant le palais impérial. Tous saluaient respectueusement le souverain. Ensuite, un jeune chef militaire, spécialement désigné, sortait des rangs pour faire une longue harangue. À la fin de ce cérémonial, tous les autres guerriers l'acclamaient. Tout le monde recommençait à courir. Comme dans une compétition improvisée, chacun s'efforçait de surpasser ses camarades en prouesses et en agilité, tout en étant original dans le rythme et dans la cadence. Après cette démonstration qui durait trois heures, un autre Impi d'hommes arrivait avec des boucliers blancs, marqués au centre d'un ou de deux points noirs. Comme pour les premiers ils commençaient par saluer l'empereur.

Tous ces guerriers se débarrassaient de leurs boucliers, avant de revenir sur la place se rassembler en un seul corps, prêts pour la traditionnelle danse des forces. Elle était exécutée dans une chorégraphie en une formation en demi-cercle, où les hommes évoluent au centre. Tandis que les jeunes filles positionnées aux deux extrémités, matérialisaient la fameuse *Tête de buffle* chère au souverain zoulou. Tout le monde attendait un signal de Chaka. La place de celui-ci était au centre. L'on guettait le moment où il s'y installerait avant de commencer. Des centaines de jeunes filles se tenaient en ligne droite à l'opposé des formations masculines, pour chanter et marquer le rythme en battant des mains. L'empereur donnait le départ en commençant à danser le premier et tout le monde suivait. Sous le règne de Chaka ces scènes joyeuses terminaient toujours les revues militaires. Si le souverain zoulou était réputé très dur et extrêmement exigeant avec ses guerriers, il n'en partageait pas moins leurs moments de réjouissance.

En fait, comparé aux autres souverains africains, Chaka était indiscutablement un original. Ceci n'est pas spécialement dû à son immense pouvoir militaire. Ce qui le distingue des autres conquérants et bâtisseurs d'empires, est surtout qu'il fit de son armée l'instrument d'une réforme profonde de la société zouloue. Il s'en est servi pour provoquer des changements économiques, politiques et sociaux sans précédent. Il a réussi à faire d'une puissante force combattante, pourtant conçue pour la conquête et les conflits meurtriers, un véritable creuset ethnique qui fut le noyau d'une grande nation. Et souverain tout-puissant Chaka avait décidé de s'intégrer personnellement à cette force armée. C'est ainsi qu'il fit d'abord exploser la base des privilèges dans l'empire. En donnant l'exemple, il a obligé chefs militaires et simples guerriers, aristocrates et roturiers à être égaux dans le risque et au service de l'empire. Pourtant bien avant Chaka, d'autres suzerains ont tenté d'introduire ces changements dans les sociétés n'gunies.

L'existence des régiments, comme nous l'avons vu, est antérieure au règne de Chaka. Mais c'est lui qui aura l'idée de s'en servir, en plus de leurs finalités militaires, pour jeter les bases d'une véritable nation. Pour cela, il a mélangé tous les guerriers, sans distinction ethnique, pour les amener à se sentir Zoulous et rien d'autre. Ainsi, ceux-ci faisaient allégeance au souverain et à un ensemble. Chaka fit en sorte que cette force armée devienne également le principal vecteur d'intégration de l'empire. Il n'oubliait jamais que les peuples qu'il avait vaincus et intégrés étaient pour la plupart composés de jeunes gens. Ils avaient tous été enrôlés dans ses forces. Aussi, il fit en sorte que la seule possibilité de promotion sociale dans l'empire passât par le truchement des Impis. Tous ceux qui détenaient un pouvoir au sein de l'appareil d'État, devaient d'abord justifier d'un passé guerrier irréprochable avant d'occuper cette position. En outre, puisque la plupart des hommes valides à quelque période que ce soit se retrouvaient dans un Impi, nul dignitaire important ne pouvait plus édifier une organisation qui aurait pu représenter un danger pour l'autorité centrale. Quant à l'esprit qui régnait dans les forces de l'empire, par la fraternité combattante, Chaka a veillé à ce que les guerriers y apprennent d'abord à gommer leurs différences pour mieux se comprendre et se faire confiance. Le souverain zoulou a ensuite stimulé un très fort sentiment patriotique chez les combattants qui allaient devenir par la suite ses sujets civils. Toutes les ethnies qui composaient la nation zouloue avaient fini sous son règne, par oublier ce qui les séparait et les opposait au paravent, pour ne plus s'attacher qu'à ce qui les unissait au sein de l'empire.

Dans les années qui suivirent, les Zoulous continuèrent à triompher de conquête en conquête. Aussi, ils manifestèrent une fierté grandissante d'appartenir à une puissance jamais égalée dans l'histoire des peuples de l'Afrique australe. Chaka avait œuvré tout au long de son règne, pour que chaque guerrier zoulou ne puisse exister que par rapport à la nation. Et pour sa gloire et son expansion, tous les sacrifices pouvaient être exigés d'un guerrier même l'impossible. Et l'objectif qui leur était réellement fixé, n'était pas que la destruction des ennemis et le pillage du bétail. Chaka avait mis en relief chez les guerriers zoulous, la foi en eux-mêmes et dans un idéal pour lequel il leur demandait de se battre. Cet idéal était celui de vaincre, pour intégrer tous les peuples du pays dans une seule force militaire au service d'un empire rassembleur et puissant.

Mais le souverain n'oubliait jamais la récompense concrète et immédiate. En contrepartie de tous ces sacrifices, les guerriers recevaient du bétail. Le bétail était la principale valeur économique par laquelle on pouvait exister et compter dans la société civile. Chaka, dit-on, inculqua à tous ses guerriers une vision unique et unitaire de la « Race des palmes », c'est-à-dire, les Noirs. Car ceux-ci étaient condamnés à épouser la même destinée nationale. Cette idée, qu'on lui prête, fera dire à certains auteurs africains, que le souverain zoulou fut le premier concepteur de l'idée de « négritude » et de « panafricanisme ». Mais ceci est encore une autre histoire.

LES TROIS DIVISIONS DES FORCES DE L'EMPIRE ZOULOU

VERS LA FIN DU RÈGNE DE CHAKA

1 ère **DIVISION UMBÉLÉBÉLÉ** (6 Impis) :

Amawondé :	1816
Unomdayana :	1821
Amaphéla :	1821
Amakhwenhé :	1821
Izikwenku :	1821
Izizamazana :	1821

2e **DIVISION IZIMPHOLO** (6 Impis) :

Ujumbinqwanga :	1816
Udlambedlu :	1816
Ugibabanye :	1821
Ufojisa :	1821
Umfolozi :	1821
Undabankulu :	1821

3e **DIVISION UMGUMANOA** (7 Impis) :

Ufasimba :	1818
Isiphezi :	1821
Unteke :	1821
Umbonanzi :	1821
Ukhangela :	1821
Udlangezwa :	1823
Izinyosi :	1828

CHAPITRE VI

LA SOCIÉTÉ ZOULOUE

Chaka a profondément bouleversé toute l'organisation ethnosociale connue dans les sociétés n'gunies avant l'empire zoulou. Ceci explique que beaucoup d'ethnologues n'ont voulu retenir de la société zouloue que son aspect militarisé. Pourtant, cet angle est réducteur, car l'empire de Chaka n'était pas que cela. En marge des activités de sa puissante armée, des occupations beaucoup plus pacifiques comme la danse, la musique et la poésie rythmaient plus la vie quotidienne de cette société que les guerres d'expansion. Bien avant l'initiation à des fins guerrières, l'éducation des enfants y débutait, entre autres, par des activités culturelles. Dès leur plus jeune âge, les Zoulous étaient soumis à des tests de connaissance et à l'apprentissage de l'art du dialogue raffiné. Une de ces épreuves consistait, pour les enfants, à placer une rangée de grains de maïs sur le sol. Par ce moyen, ils représentaient dans la plus grande diversité, tous les oiseaux connus en Afrique australe.

Ensuite, les enfants se constituaient en petits groupes pour chanter et danser. Ils rivalisaient de talent, sur les airs amusants du *Bula Msense*. Le refrain de cette composition est : « *Tu es devin, tu es intelligent !* » Repris en chœur par tous, il servait à stimuler l'enfant par la flatterie. Le candidat devait imaginer et énumérer en dansant, autant d'oiseaux qu'une rangée de grains de maïs pouvait comporter. Certains étaient moins rapides que d'autres dans cet exercice. Ainsi, l'imagination et la vivacité d'esprit les départageaient. Le gagnant était celui qui réussissait à citer le plus grand nombre d'oiseaux. L'étape suivante consistait à enrichir un peu plus les connaissances que les enfants avaient de leur environnement naturel. Pour ce faire, chacun devait établir une liste d'animaux ou de variétés d'herbes. Dans un égal exercice de mémoire, ils en citaient le plus grand nombre pour se départager. Cependant, le jeu le plus courant chez les enfants zoulous, était l'apprentissage de la politesse par des dialogues raffinés. Ceci les préparerait à présenter, le plus courtoisement possible, leurs respects ou de simples salutations aux honorables aînés. Car chez les Zoulous dès l'enfance l'oralité était le premier vecteur d'éducation et de communication. Les poèmes et les chansons ont toujours été au cœur de la vie quotidienne de cette société. Ils rythmaient le travail des femmes aux champs, le jeu des enfants et le dur labeur des adolescents s'occupant du bétail. Ils accompagnaient aussi l'entraînement quotidien des guerriers. Dans cette société, la première composition musicale d'une femme était une berceuse. Souvent reprise en chœur par le voisinage elle était progressivement comprise et mémorisée par l'enfant.

Dans toutes les sociétés n'gunies, bien avant l'empire zoulou, on avait l'habitude de composer des chants de louanges. Ceux-ci étaient indistinctement destinés aux animaux, aux hommes ou aux végétaux. À l'occasion de chaque événement attaché à la vie des familles, comme les mariages, les décès ou les naissances, l'honneur de chanter revenait aux « récitants » (ou *Imbogui*) ou *Griots*. Ces personnages, toujours présents dans les sociétés africaines, s'expriment habituellement par des poèmes chantés, des danses et des proverbes. Quant à la musique elle était omniprésente pour accompagner les nombreuses danses. Car par une expression gestuelle très étudiée, dans divers mouvements rythmés par les pieds frappant le sol, les Zoulous ont toujours fait jouer un rôle considérable au corps.

Sous l'empire, nul n'était en reste, même les plus hauts dignitaires. Aux lendemains de certaines campagnes il était courant de les voir se défouler en compagnie du souverain. Mais dans la plupart des cérémonies sous l'empire, il était prévu un temps où les instruments restaient silencieux, les danses s'arrêtaient pour faire place à l'expression uniquement orale. Plusieurs sortes de *Récitants* cohabitent depuis toujours dans les sociétés africaines. La plupart d'entre eux sont des professionnels. Ils louent leurs services aux familles à l'occasion d'événements importants. Cependant, dans la société zouloue, toute personne douée d'inspiration, pouvait s'improviser *Récitant* occasionnel. Toutefois, certaines règles limitaient les prestations de simples sujets. Les événements se déroulant à la cour impériale avaient un caractère sacré. Aussi, l'on ne pouvait y faire appel qu'à des professionnels. Les *Récitants* autorisés à s'y produire, devaient être issus d'une caste. Jusqu'à nos jours, leur apprentissage se fait auprès d'un maître qui transmet la connaissance et le savoir. Cette transmission se fait aussi de père à fils et de mère à fille. Seul un tel lignage héréditaire habilitait un *Récitant* à recevoir des dons de toutes sortes. Il permettait également à déclamer l'*Izibongo* - qui est une particularité zouloue - ou chant de louanges d'un monarque.

Le rôle d'un *Récitant* à la cour, dans les résidences de nobles et dans les manifestations publiques, était de la plus haute importance. Ces personnages ont toujours été des historiens populaires, dépositaires de la mémoire collective d'un peuple, d'une communauté ou d'une famille. À la demande d'un notable ou d'un simple sujet, un *Récitant* pouvait relater en détail tout son lignage à travers la nuit des temps. L'origine de cette caste remonte loin dans la mémoire africaine. Deux frères étaient en voyage, dit-on. Un jour qu'ils traversaient le désert, dépourvus d'eau, la soif prit le plus jeune des deux. Il avait aussi très faim et dit à son aîné :

« - J'ai faim et soif à tel point que je ne peux plus continuer à marcher. Poursuis ta route et laisse moi mourir ici. »

L'aîné s'éloigna sans répondre, pour aller se dissimuler derrière un palmier. Là il tira son couteau pour se tailler dans la cuisse un morceau de chair. Puis il fit du feu pour le rôtir, avant de l'apporter à son frère. Celui-ci le dévora avidement. Sur le moment, il ne songea pas à lui demander où il s'était procuré cette viande. Quand il eut terminé son repas, il aperçut des taches de sang sur la jambe de son frère et l'interrogea à ce sujet. L'aîné ajourna son explication, mais promit de le renseigner au premier village qu'ils atteindraient. Sitôt parvenus à ce village, le cadet dit à son frère :

« - À présent renseigne-moi, comme tu me l'as promis, sur ce qui a causé les taches de sang que j'ai vues sur ta jambe. Je sais que tu as une blessure qui te fait souffrir, et j'aimerais savoir comment c'est arrivé ? »

« - Ce sang répondit l'aîné a coulé de ma cuisse où j'ai coupé le morceau de ma chair que je t'ai donné à manger. »

« - Tu m'as nourri de ta chair, reprit le cadet, et si je n'avais pas vu le sang qui tachait ta jambe, je n'aurais rien soupçonné de ton dévouement pour moi. Désormais je m'appellerai *Dieli*. Je serai en ton pouvoir et sous tes ordres et mes descendants obéiront aux tiens et chanteront leurs louanges !»

Le cadet fut ainsi l'ancêtre des *Griots*, qui portent aujourd'hui le nom de *Dieli* dans beaucoup de pays du continent noir et *Récitants* en Afrique du Sud. Ce personnage était aussi important dans la société zouloue que le magicien guérisseur. Il servait d'intermédiaire entre le souverain et ses sujets pour communiquer aux uns et aux autres leurs opinions respectives. Par ce canal, Chaka pouvait savoir ce que pensaient ses sujets. Car les chants de louanges d'un *Récitant* sont généralement l'expression d'un éloge. Mais ils peuvent aussi, si l'on veut bien interpréter les termes, servir à exprimer des critiques populaires. La plupart des *Récitants* zoulous pour égayer leurs prestations, utilisaient aussi la musique. Chez eux on reconnaît l'emprunt des airs archaïques de la pentaphonie, du ioulement et de la polyphonie vocale des Bochimans.

Ailleurs, les *Griots* accompagnés d'instruments comme la *Cora* (harpe africaine à 21 cordes) ou le xylophone chantent toujours les louanges des familles nobles. Et partout sur le continent, l'oralité n'a pas perdu son rôle central pour rythmer les activités de la vie quotidienne. Certes, en matière de communication, l'écriture a existé en Afrique et de manière souvent antérieure, notamment en Nubie et en Égypte. Elle s'est développée ensuite par des textes en langues africaines, écrits en caractère latin et d'inspiration religieuse ou laïque pour rapporter des exploits guerriers ou autres événements de la vie des sociétés. Et à partir du XI° siècle, avec l'arrivée des Arabes, l'écriture sera d'inspiration islamique. Cependant, divers travaux sont arrivés au constat que l'Afrique noire est le continent qui a la plus grande richesse linguistique. Ces langues qui sont près d'un millier environ, se répartissent en six groupes, selon leurs origines, comme suit :

- *1er Groupe :* *Sémitique*
- *2e Groupe :* *Chamite*
- *3e Groupe :* *Nubiane-Foulah*
- *4e Groupe :* *Nègre*
- *5e Groupe :* *Bantou*
- *6e Groupe :* *Hottentot et Bochiman*

Les cinquième et sixième groupes ont engendré presque toutes les langues et dialectes parlés en Afrique du Sud. Mais les langues du cinquième groupe, c'est-à-dire celles de la famille bantoue, qui sont près de 170, connaissent une plus grande dispersion spatiale. Elles sont employées par des millions d'Africains, du Sud du continent au Golfe de Guinée. Chaque monticule, colline, montagne ou pic, dit-on, a un nom bantou ainsi que les cours d'eau, vallons et plaines. Il faudrait une vie entière pour comprendre le sens de ces noms. Avant la formation de l'empire zoulou on pouvait distinguer chez les N'Gunis trois sous-groupes linguistiques. Du Sud au Nord du pays ils étaient formés par de nombreux clans dont les Khosas, les Swazis et les Sothos entre autres. Toutes ces ethnies étant de variante bantoue, cette identité culturelle commune explique que Chaka a pu réaliser une parfaite cohésion linguistique chez les peuples de l'empire. Il a harmonisé l'expression des différents clans n'gunis pour imposer la langue zouloue bantouphone. Cette langue sera pratiquée par l'ensemble des ethnies composant l'empire, dans la littérature et dans la musique. Mais en Afrique du Sud, la colonisation européenne est venue mettre un terme au délai généralement accordé pour le passage du monde de l'oralité à celui de l'écrit. Pourtant il n'y aura pas de rupture brutale, car pour les vieux peuples africains l'oralité prime sur l'écrit. Au commencement était le verbe. Et d'une manière aussi harmonieuse qu'ingénieuse, par une série de traductions et de subtiles adaptations, les peuples sud-africains ont prolongé l'oralité jusqu'au cœur même de l'écrit. Ainsi la mémoire et la parole qui l'a toujours traduite, grâce au *Récitant*, continuent à jouer un rôle prépondérant chez les Zoulous. Cette parole s'exerce selon des rites particuliers, une technique de diction et un rythme propre à cette société.

D'une manière générale, ce particularisme donne à la poésie et à la littérature africaine une richesse qui n'existe nulle part ailleurs. Chez les Zoulous les œuvres les plus vivantes étaient des satires à la gloire des femmes. Mais elles étaient aussi des chroniques et des chants de louanges célébrant les héros et les monarques. Le deuxième personnage important de la société civile zouloue était le magicien guérisseur. Il servait de passerelle entre les hommes et le surnaturel. Mais quels que soient ses rites, ils ont toujours été accompagnés de discours. Dans toutes les circonstances pour s'exprimer chez les Zoulous, seul le poème était éloquent surtout pour célébrer une victoire. Mais la poésie zouloue, n'avait pas que des accents guerriers. Un vieil adage de ce peuple dit, que ce qui fait la force d'une nation, ce sont ses armes et ses poèmes.

Dans cette société la poésie exprimait aussi des choses simples. Quant à l'organisation sociale zouloue, Chaka avait continué à faire évoluer ses sujets dans un système matriarcal. Car cette tradition, selon lui, avait toujours régi la vie des peuples n'gunis à travers le rôle omniprésent de la femme. Ceci fait dire exagérément au célèbre guérisseur zoulou Credo Mutwa, que le grand Chaka, empereur tout-puissant, n'était en réalité qu'un pantin manipulé par sa mère Nandi. L'organisation sociale du matriarcat n'est pas, comme certains ethnologues l'ont pensé un moment, le fait d'une influence extérieure notamment arabe. L'arrivée de ces derniers avec la croisade islamique des Almoravides est beaucoup trop récente. Ils n'ont pas pu introduire cette pratique dans les empires ouest-africains, à fortiori dans le Sud du continent. En fait, l'islamisation opérée par les Arabes, a plutôt aiguillé nombre de sociétés du continent noir vers le patriarcat. Car longtemps avant leur arrivée, seul le matriarcat avait cours, par exemple dans l'une des premières sociétés africaines à subir l'islamisation. Ceci est confirmé par le témoignage du grand voyageur et chroniqueur Ibn Batouta, qui a séjourné chez les Malinkés. Il notait que :

« Ils (les Noirs) se nomment d'après leur oncle maternel et non d'après leur père ; ce ne sont pas les fils qui héritent des pères mais bien les neveux, fils de la soeur du père. Je n'ai jamais rencontré ce dernier usage autre part, excepté chez les infidèles de Malabar dans l'Inde. »

Dans les sociétés sud-africaines, le matriarcat a toujours été vécu comme un dualisme harmonieux et complémentaire entre l'homme et la femme. Il n'a jamais été source de conflits. Cette organisation sociale a au contraire contribué au bon fonctionnement de ces communautés traditionnellement sédentaires. Et ce, du fait que tout naturellement, les activités de la vie quotidienne étaient réparties selon la constitution physique des uns et des autres. Le matriarcat dans la société zouloue est un vieil héritage des ancêtres bantous. Ceux-ci déterminaient depuis des siècles la filiation selon un ordre matrilinéaire. Toutefois, certaines variantes bantouphones émigrées adopteront un système patrilinéaire, mais il s'agit là d'un épiphénomène.

D'une manière plus générale, l'évolution des sociétés africaines vers le patriarcat qui régit aujourd'hui la majorité d'entre elles, est grandement due à l'arrivée des Arabes et plus tard des Européens. Par le canal des religions islamique et chrétienne, ces « visiteurs » ont progressivement imposé le patriarcat, en même temps qu'une législation coloniale qui était peu favorable aux femmes. Dans le système matriarcal zoulou, les familles au sein de leurs Kraals évoluaient dans une mini organisation sociale hiérarchisée. Le Kraal était le centre de tout habitat, en même temps qu'un enclos où l'on enfermait le bétail. Le chef de famille y réservait une case à chacune de ses épouses. Ceci était fait suivant un ordre d'ancienneté. La première, dite grande case, était le domaine de la première épouse. Les deuxième et troisième épouses se voyaient respectivement attribuer les cases de la main droite et celle de la main gauche. Tout au long de sa vie, le chef de famille œuvrait pour constituer un patrimoine (terres, biens), à chaque « famille-case ». Les héritiers légitimes de ce patrimoine étaient les fils aînés de la grande épouse.

Dans la société zouloue, la règle de la polygamie, ne différait guère de celle appliquée dans la plupart des autres sociétés négro-africaines voire dans le monde. Car contrairement à certaines idées reçues qui font de cette pratique une spécialité africaine, celle-ci n'est spécifique à aucun peuple en particulier. Elle n'est pas plus propre aux peuples arabes qu'aux Européens et encore moins aux Africains. La polygamie a toujours été généralisée en Asie par exemple. On la retrouve également en Grèce à l'époque d'Agamemnon. Et encore à une période récente elle était une pratique courante dans l'aristocratie germanique au temps de Tacite.

Pour ce qui concerne les sociétés africaines, la polygamie y était un privilège des hautes classes sociales pendant très longtemps. Elle fut uniquement autorisée aux couches sociales supérieures et ce, du haut Moyen-âge au X° siècle. Alors que le peuple, quant à lui, était soumis à la règle de la monogamie. La disparité de privilèges en la matière est identique à celle observée chez les Grecs et chez les Aryens. En Afrique, c'est avec l'extension de l'Islam qu'il y aura des changements notables dans ce domaine. Les Arabes ont généralisé la pratique de la polygamie chez tous les peuples qu'ils ont convertis. D'autres facteurs, comme la guerre, ont consolidé l'institution de la polygamie. Trois sociétés africaines utilisaient des femmes combattantes. Au Dahomey pour mobiliser toutes les forces du royaume, le souverain Guézé (1818 - 1858) eut l'idée de créer des compagnies féminines de cavalerie et d'infanterie. Elles seront baptisées les *Amazones vierges du Dahomey*. Ces unités combattront d'abord dans les nombreuses guerres de sécession ayant opposé les Dahoméens aux Yoroubas. Puis le roi Béhanzin les utilisa contre les troupes françaises.

Également au Sénégal, le royaume du Cayor envoyait ses *Linguères* (sœurs et cousines des souverains) dans ses différentes batailles contre les Maures Trarzas. Mais bien avant cela, l'empire zoulou avait déjà innové en formant des Impis de jeunes filles combattantes ou non. Toutefois, il s'agit là de cas exceptionnels.

Dans la grande majorité des sociétés du continent noir, les femmes étaient affectées à des tâches plus pacifiques. Aussi le taux de mortalité des hommes, généralement combattants, a toujours été supérieur à celui des femmes. Ceci explique en partie la généralisation de la polygamie dans ces sociétés, pour reconstituer un nouveau cadre de vie aux veuves et aux orphelins de guerre. C'est là une forme très ancienne de recomposition familiale. Cependant, un autre argument plus hypocritement avancé par la gent masculine des sociétés africaines modernes, est que la monogamie condamnerait nombre de femmes au célibat durant toute leur vie. C'est, non sans tenir compte de toutes ces approches réelles ou fallacieuses, que Chaka a refondé la vieille organisation tribale n'gunie dans de nouvelles structures au sein de l'empire zoulou.

Au plan familial, le souverain qui était célibataire, décida d'autoriser l'union entre les deux sexes dans la tranche d'âge de 30 à 40 ans. Libre à ceux qui économiquement en auraient les moyens d'être polygames. Mais dans tous les cas, le mariage ne devait être qu'une récompense. Seuls les combattants, qui se distinguaient au service de la nation zouloue, pouvaient gagner rapidement le droit de prendre épouse. Cette règle allait inciter les guerriers, à faire davantage preuve d'héroïsme. Mais Chaka l'utilisa surtout pour sublimer et férocement exploiter le plus longtemps possible les instincts sexuels des jeunes zoulous au combat. Lorsqu'un guerrier était autorisé à se marier, il portait un *Izococo.* Cette couronne de cuir était fixée autour du crâne. Le souverain lui-même avait de nombreuses concubines, mais refusait formellement de se marier. Il n'a jamais envisagé une paternité, disait-il à ses proches, pour mieux s'occuper de son peuple. Pourtant au début de son règne il avait accepté la main de Pampatha que son oncle Dinguiswayo lui avait suggérée. À la mort du souverain abatetwa, Chaka confirma aux chefs de l'armée du défunt, son intention d'épouser la jeune fille. Mais il changera d'avis, après cette conversation qu'il eut avec son ami et conseiller Issanoussi :

« - Il m'a été rapporté ton intention de prendre Pampatha, nièce de feu Dinguiswayo, pour épouse. N'as-tu pas changé d'avis ? »

« - Pas le moins du monde. Je l'aime très fort et je ne peux pas faire autrement que de l'épouser. »

« - Pourquoi ? » lui demanda Issanoussi.

« - Parce que j'ai donné ma parole à Dinguiswayo, ce que j'ai confirmé par la suite à ses guerriers. »

« - Mais si tel n'avait pas été le cas, qu'aurais-tu fait ? »

« - En réalité, je ne le sais pas vraiment. Mon plus grand désir maintenant que je vais être couronné, est de me consacrer entièrement au royaume et à mes projets pour les peuples n'gunis. »

« - C'est une sage résolution. Le mariage nuit bien souvent à la souveraineté, en ce sens qu'il peut détourner un monarque de ses principales obligations. L'exemple des épouses de ton père est là pour en témoigner. À cause de leurs intrigues, Senza N'Gakona a passé plus de temps à s'occuper de choses futiles et nuisibles au royaume qu'à gouverner. Quant aux enfants, ils ne vivront que pour la succession. Si tu as encore la chance d'éviter qu'ils t'éliminent pour te remplacer avant l'heure, ils s'entre-déchireront pour la succession. Il vaut mieux envisager pour un monarque de ne se marier que sur le tard. C'est le plus sûr moyen pour vieillir, avant que les enfants ne sortent de l'adolescence avec leurs complots. Mais comme d'habitude ceci n'est qu'une opinion personnelle. »

Apparemment, cette « opinion personnelle » influença le souverain zoulou. Convaincu par l'analyse de son mystérieux ami, Chaka ne se maria jamais. Il n'épousa pas Pampatha, bien que son amour pour elle fut vrai et fort. La nièce de feu Dinguiswayo restera une simple concubine. Cependant, elle jouera un rôle important dans la vie du souverain. Chaka apprendra beaucoup de cette femme discrète et intelligente. Elle recueillait innocemment les opinions des Zoulous sur la politique de leur souverain, les conditions de vie dans l'empire et les excès des dignitaires de la cour. Pampatha faisait ensuite des compte-rendus détaillés à son amant, lors des nombreuses visites nocturnes de ce dernier. Mais après avoir longtemps rempli cette mission d'écoute voire d'espionnage de ses sujets, Pampatha mit en garde Chaka contre la corruption du pouvoir. Elle a comparé tout pouvoir à un figuier dont les branches, au début, protègent la population et le bétail des calamités. Mais avec l'usure du temps elles deviennent de plus en plus lourdes et finissent par se briser. Alors l'arbre pourrit et devient une souche. Maîtresse, confidente et concubine préférée, elle avait dit un jour à Chaka, comme un avertissement contre l'ambition :

« - On doit mesurer ses champs à la capacité de les cultiver. »

Dans la société zouloue au moment des labours, des semailles ou des moissons, la dynamique de groupe devait rythmer la vie quotidienne. Les travaux d'endurance, de force et de puissance étaient réservés aux hommes. Jusqu'à nos jours, les Zoulous ont conservé une organisation de type « camp de travail » où tous s'activent ensemble. Depuis l'empire, les hommes utilisent un instrument très fonctionnel pour le battage du grain. Cet outil est taillé dans du bois, pour en faire un bâton court terminé par une tête ronde grosse comme un poing. Dans un mouvement d'ensemble parfaitement orchestré, les femmes suivent les hommes avec leurs balais. Elles veillent ainsi à tenir l'air propre. Elles séparent aussi le grain de la paille, en se servant d'un *Maselo* qui est une sorte d'ustensile fait en osier tressé. À intervalles réguliers elles distribuent des bols de bojoloa, une bière de préparation locale. Et aux heures des repas elles font déguster et admirer à tous, leurs différentes spécialités culinaires. L'on peut apprécier leur *Motogo*, qui est un met aigre, une épaisse bouillie appelée *Sampe*, de la viande marinée et autres boulettes de céréale. Rythmées par les battements de mains des femmes, les chansons traditionnelles accompagnent toujours le battage du grain et le sarclage des champs. Les Zoulous ont toujours été un peuple gai malgré leur réputation de cruauté au combat. Dans cette société travail et réjouissances étaient indissociables de la vie quotidienne. Chaque journée de labeur se termine encore par un rituel musical et dansant. Les hommes attendent le signal d'un meneur. Celui-ci agite son outil de battage en direction du ciel. Il entonne ensuite une chanson, que le groupe reprend en chœur, dans un spectacle sobre mais gai. Pendant ce temps les femmes de leur coté exécutent un superbe *Mokhibo*. Il s'agit d'une chorégraphie dans laquelle elles se font face. Agenouillées, gesticulant et battant des mains, elles rythment leurs chants mélodieux et d'une grande beauté. Cependant sous l'empire dans les autres activités quotidiennes, les hommes sédentaires s'occupaient de la construction et de la réparation des Kraals. Les plus habiles d'entre eux étaient chargés de la sculpture et de l'ornement d'ustensiles en bois. Tandis que d'autres édifiaient des tours de guet, pour mieux observer les récoltes mûrissantes.

Chez les Zoulous, des hommes étaient spécialement désignés pour veiller aux soins donnés aux animaux et à la traite des vaches. D'autres étaient désignés pour représenter leurs villages aux cérémonies religieuses de la capitale et aux audiences des tribunaux de l'empire. Également chez les Zoulous comme partout ailleurs sur le continent noir, l'art a toujours reflété une parfaite « maîtrise nègre » de la matière. Dans ce domaine, les créateurs ont subtilement capté différentes pulsations de la vie quotidienne, pour restituer une multitude de formes sculpturales. On trouve, dans la région Sud du continent, de nombreux styles d'art dont l'aire d'extension varie entre - 4 600 à 1 200 de notre ère. Les Zoulous ont adapté quelques-unes des peintures anciennes, empruntées aux Bochimans réfugiés dans le désert du Kalahari. Ils ont aussi exécuté des peintures pariétales, assez comparables à celles découvertes en Europe et datant du paléolithique. La plupart de ces représentations mettent généralement en scène des chasseurs. Pour encourager le développement de l'art et de l'artisanat, Chaka appliquait dans son empire les règles de compétition qu'il avait observées chez Dinguiswayo. Il récompensait chaque année les meilleurs artisans dans leurs domaines respectifs. Sous son règne, la sculpture a occupé progressivement beaucoup de jeunes sujets. Cette discipline est, depuis toujours en Afrique, la manifestation la plus riche de l'art traditionnel. Car le bois est le matériau de prédilection par excellence des populations du continent noir. Pour le travailler, les Zoulous y associaient souvent les techniques de la peinture, de la vannerie et du collage de tissu.

Avec l'intégration d'un grand nombre de Sothos et de Rotsés dans l'empire, l'art de la poterie a fait son apparition. Les artistes fabriquaient des récipients engobés, où les zones claires et ocres alternaient, pour former des losanges et des bandes circulaires. Ils ont aussi conçu, pour les ménagères, des marmites patinées ocres, à panse sphérique très pure et ourlée d'un mince col évasé. Ensuite, ils perfectionnaient les formes céramiques dans des couvercles plats en bois, pour neutraliser la chaleur. Ils leur ont donné une touche imagée, en y sculptant des suites d'animaux identiques ou des personnages familiers comme les chasseurs, les bergers ou les guerriers. Les Zoulous ont usé du décor perlé, pour concevoir divers objets comme des calebasses, des tabatières, des bijoux ou des poupées en bois. Chez eux, le goût de la parure et de l'élégance des armes a toujours été présent. Ils l'était même dans la chasse aux animaux sauvages. Les prédateurs de ce peuple, pourtant réputé cruel au combat, poussaient l'élégance jusqu'à présenter leurs respects aux animaux qu'ils tuaient. Ce texte ancien décrit une de ces étonnantes chasses à l'éléphant :

« Une femelle était debout et s'éventait avec ses grandes oreilles, tandis que son éléphanteau se roulait dans la vase. Les chasseurs, sur une longue file, arrivaient. La bête ne se doutait pas de l'approche des chasseurs et se laissait téter par son petit, qui devait avoir deux ans. Tout à coup retentirent les sifflements des chasseurs, dont les uns

soufflaient dans un tube, les autres dans leurs mains jointes, et qui s'écrièrent pour éveiller l'attention de l'animal :

Ô chef ! nous sommes venus
Pour vous tuer ;
Vous allez mourir ;
Les dieux l'ont dit.

Les éléphants relevèrent les oreilles et sortirent de la fosse au moment où leurs assaillants se précipitaient vers eux. La mère se plaça entre son petit et le danger, lui passa maintes et maintes fois sa trompe sur le dos afin de le rassurer. Tout en s'éloignant, elle regardait les chasseurs, comme si elle avait été partagée entre le besoin de protéger son petit et le désir de châtier ses persécuteurs. Ceux-ci étaient environ à cent pas derrière elle, jusqu'au moment où elle fut obligée de traverser un ruisseau. Le temps qu'elle mit à le franchir et à remonter sur l'autre bord permit aux chasseurs de gagner du terrain, ils lui lancèrent leurs javelines.

Toute rouge du sang qui coulait de ses blessures, la mère prit la fuite. L'éléphanteau s'éloignait aussi vite que possible ; toutefois, les éléphants, vieux ou jeunes ne prennent jamais le galop ; une marche très rapide est leur plus vive allure. Il se réfugia dans l'eau, où les chasseurs l'achevèrent. Le pas de la mère se ralentit par degrés ; puis, se retournant en poussant un cri de rage, elle se précipita sur les chasseurs qui se dispersèrent en se jetant à droite et à gauche. Quatre fois elle recommença en droite ligne cette charge furieuse ; puis enfin, tournant sur elle-même, elle chancela et mourut agenouillée. Et les chasseurs crièrent : Pardon et que ton âme dorme en paix au ciel. »

Les Zoulous pouvaient aussi se montrer hospitaliers. Quand le souverain recevait des visiteurs étrangers, il s'asseyait sous un arbre immense. Il était toujours entouré de plus d'une centaine de dignitaires civils et militaires. Un serviteur agenouillé à ses cotés maintenait un bouclier au-dessus de lui, pour le protéger du soleil. En fait, Chaka aimait tout spécialement la compagnie des visiteurs européens. Il s'informait toujours sur l'Angleterre, la puissance de son roi et ses alliances. L'un des premiers Européens qu'il reçut, fut Henry Francis Fynn. Ce Britannique était sans doute l'étranger que Chaka eut le plus à côtoyer durant son règne. Fynn, venant du Cap, avait débarqué du « Julia » en mai 1824 pour se rendre au Natal. Il sera rejoint par un certain Farewell, six semaines plus tard. Ils formèrent un groupe comprenant une majorité de Hollandais, trois Anglais, trois Allemands, deux Français, un Danois, trois Hottentots et un interprète. Ce dernier dénommé Frédérik, était originaire de la colonie du Cap.

À la suite de Petersen, beau-frère de Farewell, la presque totalité des Européens décidèrent de rentrer au Cap ou à Port Elisabeth. Mais Fynn réussit à former un groupe de volontaires avec Thomas Holstead, John Caine et trois Hottentots : Rachel, John et Michael. Quant à Fynn, sa première vision de la région dit-il, fut négative. À peine débarqué, il tenta de rendre visite à Chaka. Mais il se heurta à des milliers de guerriers zoulous qui rentraient d'une campagne sanglante contre les M'Pondos. Aux dires de Fynn, il fut témoin de nombreuses scènes de cruauté et de pillage qui l'incitèrent à reprendre prudemment sa route. Version à laquelle il est difficile de croire, car les guerriers zoulous en campagne n'auraient vraisemblablement pas épargné un Européen isolé et témoin de leurs exactions. C'est après avoir été rejoint par les autres, que Fynn décida de rendre visite au souverain zoulou. Pendant ce temps, James Saunders King, un autre personnage important de l'univers de Chaka, était en Grande-Bretagne. L'homme a longtemps cherché une aide financière et politique pour se rendre au Natal. Ensuite, il devait se lier d'amitié avec Nathaniel Isaacs qu'il rencontra pour la première fois à Sainte-Hélène. Isaacs est né en 1800 d'une riche famille judéo-anglaise de Canterbury. C'est à la mort de son père, en 1819, que son oncle maternel, Saul Salomon, l'invita à le rejoindre sur l'île de Sainte-Hélène. James King fit part de ses projets à Isaacs qui décida de le suivre au Natal. Ils resteront un moment sans nouvelles de Fynn et de ses compagnons. King et Isaacs décidèrent de repartir en Europe. Mais sur le chemin du retour, leur bateau devait faire naufrage sur la baie du Natal. Isaacs, King et l'équipage réussirent néanmoins à rejoindre le rivage. Ils furent accueillis par Holstead et les Hottentots de l'équipe de Fynn qui leur donnèrent des nouvelles rassurantes sur le reste du groupe.

Voilà en fait l'essentiel des Européens que Chaka a côtoyés de son vivant. Mais qui étaient-ils en réalité ? King et Farewell avaient tous deux servi comme officiers dans la marine royale. Ils ne se connaîtront par la suite que lors de leur passage dans la marine marchande. Quant à Henry Francis Fynn, on lui prêtait de grandes connaissances médicales. Il avait tout simplement travaillé comme garçon de salle dans un hôpital londonien. Il débarqua en Afrique du Sud en 1818, mais ne se rendit au Natal qu'en 1824. La plupart de ces personnages étaient des marchands. Par exemple les responsables et fondateurs de la « Farewell Trading Company » n'avaient qu'un but précis, commercer directement avec le souverain zoulou. Lors de leur escale à Delagoa, ils avaient appris que le principal fournisseur d'ivoire du pays était Chaka.

Après avoir fondé un établissement commercial au Natal, ils eurent l'idée de court-circuiter les Portugais en détournant l'ivoire destiné à Delagoa. Chaka avait fait surveiller les mouvements de ces étranges visiteurs. En juillet 1824, le souverain zoulou entendit d'abord ses espions avant d'inviter les nouveaux venus. Il envoya un de ses sujets le vieux Mbikwané, pour leur servir de guide. Tout au long de leur voyage entre le Natal et Bulawayo la première capitale de Chaka, les visiteurs européens furent frappés d'étonnement par l'ordre et la discipline du peuple zoulou. Le lendemain de leur arrivée, les membres de cette délégation furent reçus par l'empereur sous l'arbre sacré. Ils furent ensuite invités à parcourir l'intérieur de son Kraal. Une foule de guerriers triés sur le volet, leur criaient « Ujojo Hokhalo » (Toi qui t'actives sur la crête, sois le bienvenu). Ce rituel signifie en Zoulou que celui à qui l'on adresse cet hommage est un guerrier. Il est vif et brave, donc capable d'attaquer et de vaincre un ennemi. Et les Zoulous restaient droits comme au garde-à-vous. Ils prenaient cette position pour laisser passer les invités, afin qu'ils rejoignent la demeure du souverain. Après la cérémonie de bienvenue, Chaka s'entretint en privé avec les visiteurs. Il commença par leur demander de ne pas avoir peur de son peuple. Car celui-ci, dans une démonstration impressionnante, allait leur présenter ses respects. Il fit sortir ensuite les invités pour les placer devant le palais impérial. Les Zoulous avançaient en petites divisions poussant chacune devant elle des bœufs, ceci pour signifier aux invités que dans la culture zouloue le bétail était une valeur sacrée. Puis les guerriers les plus vaillants des Impis étaient invités à chanter et à danser devant l'assistance. Dans une chorégraphie parfaite, ils avançaient et reculaient de manière athlétique et au rythme des battements de mains de la foule. Pendant que se déroulait cette manifestation à la capitale, le reste de l'empire n'était pas tenu à l'écart. Chaka donnait l'ordre aux gouverneurs des provinces de faire défiler dans les villages les troupeaux rangés en fonction de leurs couleurs.

Ces manifestations provinciales étaient rythmées par les musiciens locaux avec la participation des *Récitants* occasionnels. Lors de ces cérémonies officielles, Chaka portait un turban en peau de loutre, autour de la tête. Une plume de grue pendait sur son front. Il portait également une guirlande de plumes écarlates, autrefois symbole de haut rang chez les notables n'gunis. L'habit de Chaka était fait de peaux de singes, plié trois fois de la taille aux genoux, auquel étaient suspendues deux queues de vaches. Des queues de vaches pendaient également de ses bras. Un bandeau de fourrure entourait la tête du souverain, orné d'une longue plume devant et d'une plume différente de chaque côté. Son bouclier de forme ovale était long d'environ 1,20 m. Chaka qui était un homme cruel et arrogant, pouvait se montrer hospitalier et d'une grande générosité. Il recevait correctement ses hôtes en leur faisant des cadeaux, notamment du bétail. La plupart des visiteurs étrangers ont noté le raffinement de l'artisanat local et l'originalité du système social zoulou. L'empereur associait certains de ses visiteurs aux campagnes militaires. Ceci n'était pas neutre bien entendu. Il escomptait qu'ils témoignent, par la suite, du déroulement des combats. Car le souverain zoulou alternait charme et intimidation. uand Chaka n'était qu'en présence des siens, il se laissait aller à toutes les plaisanteries. Il aimait tourner en ridicule les mœurs et les coutumes des Européens. Et tout ceci se passait dans une jubilation de vivre, ponctuée par une générosité rieuse et moqueuse à l'extrême. Il est difficile de dire si l'homme était plus provocateur que raciste ou l'inverse. Mais il disait souvent des Européens, qu'il qualifiait de « Race de citrouille » du fait de leur couleur, qu'ils étaient pareils à des singes qui sortent en hiver pour voler des récoltes. Chaka était un politique éclairé. Pourtant, son attitude envers les Européens fut très ambiguë tout au long de son règne. Il traitait avec eux, mais s'arrangeait toujours pour garder la mainmise sur le commerce extérieur. En privé, il reconnaissait leur avance dans certains domaines, mais estimait que tout compte fait les Zoulous n'avaient rien à apprendre des Européens. Chaka était un nœud de contradictions qui affirmait aussi, à qui voulait l'entendre, que Port Natal était un repaire de déserteurs, de traîtres et de malfaiteurs. Mais il y envoyait souvent des messagers, surtout lorsque son étrange ami ou interlocuteur favori Fynn y demeurait.

En fait le personnage n'était pas facile à cerner. Ceci explique sans doute qu'il soit devenu un sujet idéal pour servir à toutes sortes de légendes voire de fantasmes. À ce propos, on a prétendu, quant à ses habitudes sexuelles, qu'il se réservait le droit de visiter les jeunes filles de l'empire, et qu'il mettait à mort tout enfant né de ces rencontres. En fait, il n'existe aucun témoignage crédible qui le confirme. Et connaissant le refus de paternité de ce souverain cruel, nulle femme censée n'aurait pris le risque de lui annoncer une grossesse. De même, l'imprudence de lui présenter un enfant équivalait à un suicide. Cependant, sur ce sujet il existe deux sources. Elles se valent toutes du fait de l'ambiguïté des motivations de l'un des auteurs et des fabulations de l'autre. Il y est difficile d'identifier avec précision la frontière entre l'histoire et la romance. La version de Fynn rapporte que :

« Son refus d'envisager sa paternité apparaît comme une évidence dans le fait qui suit. Nandi, sa mère, avait la charge de ses concubines. Elle présenta un nouveau-né à Chaka en lui faisant remarquer qu'à en juger par la ressemblance qu'elle pouvait observer chez cet enfant, il était de lui. La mère avait résidé dans le Kraal de Nandi avant et pendant sa grossesse, et Chaka était le seul à lui avoir rendu visite. Sur-le-champ, il s'empara de ce petit innocent, et en le projetant en l'air, il le fit périr dans sa chute. Un ordre fut donné afin que l'on exécute immédiatement la mère, tandis que Chaka battait sa propre mère avec un bâton, usant d'une telle violence qu'elle en boita pendant trois mois. Lorsqu'elle fut rétablie, elle fit mettre à mort les dix concubines qui l'avaient approuvée quand elle avait proposé que l'on montre ce nouveau-né à Chaka. »

Il est bien évident qu'aucun historien honnête ou ethnologue spécialisé dans les sociétés africaines, ne peut accorder de crédit à ce témoignage. Ces sociétés sont traditionnellement matriarcales et très respectueuses des anciens. La place de la mère - qui seule par on ne sait qu'elle magie, peut donner la vie - y est des plus sacrées. Un simple sujet n'oserait jamais humilier sa mère en public, à plus forte raison un souverain régnant. Il parait peu vraisemblable qu'un empereur aussi rusé que Chaka puisse se rabaisser à battre sa propre mère devant son peuple. Un peuple à qui il demandait le strict respect des traditions ancestrales. Il le soumettra ensuite aux pires épreuves pour lui faire partager la terrible souffrance qui le rongera à la mort de Nandi sa mère. Nul n'ignorait dans l'empire, que la reine mère avait toujours aimé et soutenu son fils dans les pires moments de sa jeunesse. Aussi, la réalité est plus proche de la version de Ritter. Elle ne contredit pas ce que retient la tradition zouloue. À savoir que seule Nandi, la mère du souverain, osa ourdir un complot pour donner un héritier à son fils.

Ainsi Chaka sans le savoir eut beaucoup d'enfants. Car devant l'intransigeance du souverain, Nandi prit l'initiative d'assurer sa descendance à son insu. Souvent lorsqu'une des concubines de Chaka lui révélait sa grossesse, la reine mère l'isolait en un lieu éloigné dans l'empire jusqu'à son accouchement. Ensuite, elle s'en occupait en prétendant qu'il s'agissait d'un enfant quelconque. Mais nul n'était dupe sur ce sujet. L'on peut même se demander si Chaka ignorait réellement tout cela. C'est ainsi qu'il eut de nombreux enfants dont un fils avec une de ses concubines, Mbuzikazi, qui vint au monde en mars 1823. Nandi qui avait toujours rêvé en secret de faire accepter un héritier à son souverain de fils, avait protégé et caché Mbuzikaki jusqu'à la naissance de l'enfant. Et bien entendu, le souverain n'en fut pas informé. Ce petit dit-on, lui ressemblait énormément. Il était froid, très robuste physiquement et de mauvais caractère.

Dès sa naissance, Nandi l'entoura d'une grande affection. Mais cette fois, après quatorze mois d'hésitation, la reine mère décida de présenter ce fils à Chaka. Car de tous les enfants ainsi conçus, celui-ci était le portrait fidèle du souverain zoulou. Un matin Nandi demanda à Mgobhozi, Indouna et grand ami de Chaka, de dire au souverain qu'elle souhaitait lui parler d'une affaire importante. Chaka lui rendit visite ce jour-là après le conseil impérial. Dès son arrivée, la reine mère lui présenta l'enfant sans rien dire. La scène est rapportée comme suit par la tradition zouloue :

« *Chaka s'approcha de l'enfant, étendit la main et lui frôla les doigts. Il le souleva de terre, pour le contempler longuement. Il le fit tourner en le regardant partout. Il remarqua une petite touffe de cheveux, à la base du son cou, qui était tout à fait identique à la sienne. Etonné de cet examen inhabituel, l'enfant, garda son calme, mais figé dans une attitude hostile. L'assistance, quant à elle, restait silencieuse, craignant la réaction du souverain. Mais à la grande surprise de Nandi, Chaka sourit à l'enfant. Et presque aussitôt, il fut imité par le petit. Ceci détendit l'atmosphère. Ensuite, l'empereur remit l'enfant à Nandi, avant de s'éloigner. Il fit quelques pas, puis se retourna, en agitant la main en direction de son rejeton et lui dit : Sala Gahlé, Ndoda (Porte-toi bien petit homme).* »

Cependant, si Ritter a confirmé la tradition orale, quant à cette scène, il en a inventé d'autres pour dénigrer le souverain zoulou. Il affirmait que Chaka avait des organes génitaux peu développés. Ceci est en toute contradiction avec le comportement du souverain zoulou qui se baignait en public. C'est une imprudence qu'il aurait sûrement évitée s'il souffrait d'un tel handicap. Pour un homme, aussi orgueilleux et narcissique que Chaka, ce serait s'exposer au ridicule. Et Isaacs, pourtant détracteur du souverain zoulou, rapporte une de ces scènes de baignade :

« Trois jeunes garçons apportèrent de l'eau, qu'ils portaient à bout de bras au-dessus de la tête, ce qui, je m'en rendis compte, était la manière habituelle de présenter quelque chose au roi. L'un d'eux plaça un large plat noir devant lui, tandis qu'un autre versait de l'eau pour que Sa Majesté puisse se laver, et que le troisième se tenait prêt, dans la position décrite ci-dessus, n'osant déposer son fardeau. Chaka, tout en se lavant de la tête aux pieds, conversait avec ceux qui étaient près de lui. Après quoi, un autre serviteur s'approcha, portant un panier, qu'il présenta à bout de bras au roi. Sa Majesté y prit une sorte de pâte de couleur rouge, avec laquelle il se décora ou plutôt, dont il se recouvrit le corps, et s'en frotta jusqu'à ce qu'elle ait toute disparu. Ensuite, un dernier serviteur apporta une substance graisseuse, que le roi appliqua de la même manière à son corps, et qui lui donna une belle apparence lustrée. »

Le détracteur qu'était Isaacs, n'aurait sans doute pas manqué l'occasion d'exploiter un détail aussi important que « le petit sexe » du souverain zoulou. Il en est de même pour Donald Norris. Ce dernier, contemporain d'Isaacs écrira, avec une évidente mauvaise foi, que Chaka était impuissant. Au demeurant, pour clore ce chapitre, force est de reconnaître que la version de Fynn - selon laquelle Chaka aurait fait périr son enfant - soit vraie ou celles d'Isaacs et de Ritter rapportées plus haut, nous savons avec certitude que l'homme était de constitution normale et eut de nombreux enfants. Chaka décida de fixer sa seconde capitale à Oumgoun Goundiovon. Ce nom veut dire en zoulou, pareil à l'éléphant. L'homme qui était un bon administrateur, avait d'abord pensé à la logistique liée au fonctionnement d'une grande cité avant de bâtir sa capitale. Son choix s'était porté sur Oumgoun Goundiovon pour plusieurs raisons. Certes l'endroit était magnifique, mais il était surtout pourvu d'eau potable. Il était également situé aux abords d'immenses forêts pouvant faciliter le ravitaillement en bois des populations. Les lieux avaient aussi l'avantage d'être sur un terrain plat, alors que beaucoup d'autres capitales du pays, notamment celle des Bassoutos, étaient construites sur la montagne. Deux immenses avenues larges et spacieuses coupaient cette grande cité l'une d'est en ouest et l'autre du nord au sud. Ces avenues perpendiculaires et orientées vers les quatre points cardinaux étaient en priorité réservées aux Impis en parade et aux troupeaux saisis à l'ennemi.

La capitale zouloue abritait la cour de Chaka - que ses sujets avaient baptisée *Indioun koulou* ou « la grande demeure » - construite au milieu du quartier impérial. Pour un monarque de cette dimension, l'homme vivait pourtant le plus simplement du monde. Dans ce palais, qui inspirait le respect et l'admiration, Chaka dormait sur une natte de paille avec un appui-tête en bois. Ce couchage est très bon pour le dos, aimait-il à dire. Et il ne disposait que d'une simple couverture en peau. Son repas quotidien ne différait guère de celui d'un Zoulou moyen. Il était préparé avec du bœuf bouilli et des légumes (une sorte de pot-au-feu local) qu'il accompagnait de bière. Le palais de Chaka était le sanctuaire des insignes sacrés et autres symboles rituels ou mystiques à la gloire de la nation zouloue. Il était entouré des demeures des dignitaires de l'empire, c'est-à-dire les conseillers du souverain, les médecins-guérisseurs de la cour et autres personnalités militaires. Ces résidences étaient concentrées dans un quartier construit à l'est de la place impériale.

Les gouverneurs des provinces, quant à eux, séjournaient fréquemment dans la capitale. Le souverain zoulou veillait à ce que ces personnalités, à qui il avait délégué une partie de ses pouvoirs pour administrer les différentes régions de l'empire, lui rendent régulièrement visite. Dans la proximité immédiate du palais, s'élevait aussi le *Khotla* qui était la Cour de justice de l'empire. Chaka avait fait aménager, non loin de ce quartier, un emplacement réservé à son propre bétail (*corral*). On y enfermait ses bœufs, vaches laitières, bœufs de course, etc. Au centre de la capitale, une immense place servait aux parades et manœuvres militaires. Les Indounas s'en servaient aussi pour les instructions et proclamations aux différents corps d'armée. Entre les deux quartiers civils de la capitale et les demeures impériales, les camps des guerriers rattachés à l'état-major de Chaka servaient de zone tampon. Perché en haut d'une tour - qui était le plus haut point de la capitale - située aux environs du palais impérial, une sentinelle surveillait les entrées et sorties de la ville. Les Zoulous l'avaient surnommée le *crieur de nouvelles*. Il devait rapporter tout mouvement suspect à une garde située juste en dessous de la tour. La capitale était sous couvre-feu dès le crépuscule. Seuls les envoyés spéciaux du souverain pouvaient aller et venir à leur guise. Chaka avait toujours gardé présent à l'esprit l'erreur fatale de Dinguiswayo. Aussi, ayant retenu la leçon, il décida de ne jamais laisser sa capitale sans défense. Que l'armée soit présente ou en campagne hors de l'empire, la capitale était gardée par des unités en base arrière. Quant aux portes de la cité et aux autres endroits stratégiques, quatre Impis dotés de guerriers expérimentés y veillaient jour et nuit. Le passe-temps favori de l'empereur était d'inspecter à l'improviste les Impis de garde dans les différents points sensibles de la capitale. Il se déguisait pour passer inaperçu. Ensuite, il notait tous les détails pour en discuter le lendemain lors du Conseil impérial.

Quant à la politique intérieure et à la stabilité extérieure de l'empire, le souverain zoulou n'était pas encore rassuré. Il savait que Zwidé était mort en exil au Nord-Ouest du fleuve Pongolo. Il s'y était réfugié depuis la défaite de son armée. Ses deux meilleurs chefs de guerre, Soshangane et Zwangendaba, l'avaient abandonné pour tenter de conquérir des territoires dans le Nord du pays. Chaka était informé que des Ndwandés, restés fidèles à la mémoire de leur ancien souverain, s'accrochaient à l'idée d'une revanche contre l'armée zouloue. Ils n'avaient jamais accepté l'humiliation qui leur avait été infligée par Chaka. Petit à petit ils avaient réussi à reconstituer une armée opérationnelle. Mais se posait pour eux la question du commandement d'une telle force, surtout pour affronter les combattants aguerris des Impis de Chaka. Leur choix finira par se porter sur Dayingoubo, un des fils de Zwidé. Ce dernier avait pris le dessus sur ses autres frères dans la lutte de succession qui les avait opposés. Leurs problèmes n'en étaient pas résolus pour autant . Un des vaincus, Shemane, trouva refuge chez les Zoulous. Chaka, pour mieux se renseigner sur ses adversaires, l'avait accueilli à bras ouverts. Il était ainsi en mesure de tout savoir sur les projets de revanche des Ndwandés. Ces derniers voyaient, par la même occasion, leur possible effet de surprise s'envoler. Dès le mois de février 1825, Chaka mit toute son armée en alerte pour faire face à une attaque imminente des Ndwandés. Mais c'est seulement après deux mois de préparatifs que ces derniers se décideront à passer le fleuve Pongolo, pour envahir le territoire zoulou. Le premier objectif de Dayingoubo était de libérer l'ancien royaume de son père. Il envisageait de mobiliser la population contre les forces zouloues dans un sursaut nationaliste. Pourtant, sans explication aucune, le jeune chef militaire ndwandé fit faire demi-tour à ses troupes, craignant probablement un piège de Chaka. Celui-ci savait que pour asseoir définitivement l'empire sur des bases stables, il lui fallait éliminer une bonne fois pour toute la menace ndwandée. Il avait donc mis sur pied une force spéciale composée de 40 000 guerriers parmi les mieux entraînés de l'empire, pour préparer cet ultime affrontement.

Pour ce qui est du déroulement de la campagne, le récit de Fynn semble le plus fiable, car il était le seul étranger à avoir assisté aux combats aux côtés de l'empereur. Même si la version qu'il nous a laissée est toujours sujette à caution pour beaucoup d'historiens, il est incontournable sur la chronologie des faits et le déroulement de la campagne. Le souverain zoulou tenait toujours à garder ce témoin auprès de lui comme observateur privilégié. Il pensait sans doute que ses rapports serviraient à impressionner les Anglais contre qui, quoiqu'on en dise, il pensait devoir se battre un jour.

Autrement, il serait difficile de comprendre l'intérêt que pouvait porter Chaka, à la présence de Fynn à ses côtés dans les grands moments. L'importance de l'enjeu, cette fois, était telle que le souverain zoulou releva Mdlaka de son commandement en chef des armées. Chaka avait décidé de diriger lui-même les opérations à la tête des forces de l'empire. Il choisit également de confier le commandement des *Ailes volantes* (ou cornes du buffle) aux deux chefs militaires en qui il avait entièrement confiance, à savoir ses vieux amis Mgobhozi et Ngoboka. Ensuite, l'armée zouloue franchit le fleuve Pongolo à son tour dans un mouvement offensif. Les guerriers de Chaka arrivèrent en vue des deux collines de Ndololwané et Nouké. Mais Dayingoubo les avait devancés, en plaçant ses troupes sur la première colline.

Chaka, qui avait bien observé les positions de l'adversaire, comprit très vite qu'il était possible de les prendre à revers, par un des flans de Ndololwané. Car cet endroit était couvert par une forêt difficile à tenir. Le lendemain matin, Mdlaka reçut l'ordre d'amorcer un mouvement avec deux Impis, pour contourner les troupes ndwandées sur la première colline. Pendant ce temps, Chaka de son coté prit le commandement du *Crâne du buffle*. Il mena ses guerriers jusqu'au pied de la position occupée par Dayingoubo et son état-major. Ensuite, il donna l'ordre habituel de se mettre en formations de combats par blocs compacts. Dès que la redoutable *Tête de buffle* fut constituée, l'affrontement commença. Après quelques minutes de combat d'une rare brutalité, les Impis des *Ailes volantes* se retirèrent sur l'ordre de leurs chefs respectifs. Déjà les premières pertes jonchaient le champ de bataille. Puis, un deuxième engagement fit davantage de pertes chez les Ndwandés.

Dès lors, les Zoulous ne leur laissèrent plus aucun répit pendant des heures. Enfin, Chaka donna l'ordre à Mdlaka, placé en position de revers, de charger l'arrière des Ndwandés avec sa « corne ». Ce fut la débandade dans un sauve-qui-peut indescriptible. La tactique du rouleau compresseur zoulou, par cette formation matérialisant la *Tête de buffle,* avait encore fonctionné de manière efficace et meurtrière ce jour-là. Mais le conquérant africain perdra dans cette bataille un de ses meilleurs chefs militaires et ami, Mgobhozi, tué à la tête de ses Impis. Cette perte était d'autant plus inestimable, que Mgobhozi avait toujours refusé les honneurs. Il était un conseiller très écouté du souverain, car son franc-parler tranchait avec les habituelles flatteries des courtisans, qui agaçaient de plus en plus Chaka. Mgobhozi avait formé la plupart des guerriers de l'empire. Ils lui vouaient un respect comparable à celui que leur inspirait Chaka. Quant à Dayingoubo, il réussira à se sauver avec tout son état-major, pour aller se réfugier chez Soshangane. Ce dernier lui aurait confié un commandement. Mais on ne saura jamais ce qu'il est devenu par la suite. Chaka était enfin tranquille. Du fait de la désintégration totale de ce qui restait encore de Ndwandés dans le pays, la nation zouloue s'était débarrassée de son plus redoutable adversaire.

Sur le chemin du retour, Chaka soumettra sans combattre le chef des Khumalos qui avait sans doute été mis au courant de l'écrasement définitif de l'armée ndwandée. Le souverain zoulou décida ensuite de changer de capitale, pour se rapprocher un peu plus du Natal, fief de ses adversaires non encore véritablement déclarés. Il serait ainsi plus près des colons, à qui Fynn ne manquerait pas de commenter sa victoire fulgurante sur les très combatifs Ndwandés. Le souverain zoulou choisit donc, en mars 1825, de faire construire sa nouvelle capitale à Dukuza, en un endroit situé entre les fleuves Thukela et Mvoti, non loin de l'océan. Il semble intéressant de rapporter ici un fait, non qu'il soit d'une grande importance dans l'histoire de l'empire zoulou, mais il peut aider à comprendre le « retournement » d'Isaacs. Il peut expliquer en partie comment cet homme, qui était visiblement fasciné par le conquérant africain et impressionné par le révolutionnaire social, a pu se transformer par la suite en un féroce détracteur.

Pourtant ce détail important, Isaacs a, volontairement ou non, omis d'en parler dans ses écrits. Il est consigné dans les mémoires de Caine, et Fynn en a dit deux mots. Après la construction de la nouvelle capitale de l'empire, deux

Hottentots au service des colons du Natal, violèrent la femme d'un Indouna zoulou. Les Britanniques envoyèrent King et Isaacs, pour présenter les excuses de leur communauté à Chaka. Celui-ci, furieux, faillit d'abord les mettre à mort sur-le-champ. Ensuite, il saisit là une occasion inespérée de mettre les Britanniques à l'épreuve. Chaka proposa, pour laver ce déshonneur, qu'ils aillent soumettre Bheje, un chef de clan rebelle qui n'était pas encore intégré à l'ensemble zoulou. Ainsi, il pourrait observer l'efficacité des armes à feu face à la traditionnelle sagaie africaine. À la tête d'un petit détachement, Isaacs et Caine réussirent à battre Bheje, non sans quelques pertes. Au cours de la bataille, Isaacs avait reçu un coup de sagaie dans le dos. Chaka lui fit remarquer que s'il était un guerrier zoulou, il serait immédiatement mis à mort. Pour lui, seuls les lâches peuvent recevoir des blessures dans le dos. Et pour enfoncer le clou, Chaka les traita de crétins. Toutes les bêtes que Bheje leur avait cédées en guise d'allégeance, étaient vielles, maigres et malades. Et eux ne s'en étaient pas aperçus. Il semblerait que l'explication du « retournement » d'Isaacs - qui visiblement n'avait pas apprécié l'attitude humiliante de Chaka à son égard - se trouve là. Car l'une des plaies les plus profondes, est la blessure d'amour propre.

Par la suite, Chaka s'occupa plus de politique intérieure et de réformes que de conquêtes militaires. L'homme qui n'avait jamais rien refusé à sa mère, seul être au monde à avoir compté plus que tout dans sa vie, allait souvent solliciter ses conseils. Ceci pour l'éclairer dans son entreprise de réformes sociales de l'empire. Déjà, après la conquête du pouvoir, il avait installé Nandi à sa droite dans tous les événements importants du royaume. Sur les conseils de celle-ci, il accepta d'écouter Zihlandlo, un des dignitaires de la cour impériale. Depuis la mort du conseiller et ami de Chaka, Mgobhozi, Zihlandlo servait de confident discret à Nandi. Après l'avoir reçu, Chaka s'entretint avec lui sur l'interdiction faite aux guerriers zoulous des deux sexes, de se marier sans l'autorisation du souverain. L'empereur lui confia avoir déjà réfléchi à la question de la réforme des lois matrimoniales. Il pensait qu'avec l'assise définitive de l'empire et une grande stabilité extérieure, les campagnes allaient se faire de plus en plus rares. Il n'était donc pas impossible d'envisager l'assouplissement des règles de célibat imposées aux guerriers. Ceci serait une grande et juste récompense pour la bravoure dont ils avaient fait preuve jusqu'alors et qui avait permis de bâtir un tel ensemble. Pour mieux convaincre le souverain, Zihlandlo lui fit remarquer que son ami et chef militaire Mgobhozi, était marié et père de plusieurs enfants. Pourtant, ce chef de guerre avait toujours été aussi courageux au combat que lorsqu'il était célibataire. Puis, le vieux sage attira l'attention du souverain zoulou sur la jalousie de ses demi-frères Dingane et Mhlangane. Ces derniers, après avoir critiqué ouvertement ses campagnes militaires, dénonçaient ce qu'ils appelaient « la fraternisation » avec les étrangers. Chaka écarta d'un revers de main ces critiques, en évitant de s'étendre sur le cas de ses demi-frères. Mais il n'en décida pas moins de faire un geste pour apaiser toutes les tensions qu'il sentait, bien qu'il ne voulut jamais le reconnaître.

Le souverain zoulou informa officiellement les conseillers de son intention d'associer directement les membres de la famille impériale à l'administration des Institutions de l'empire. Chaka, qui avait fortement réduit les pouvoirs des aristocrates, allait néanmoins privilégier ses proches jusqu'à la fin de son règne. Sa tante paternelle Mkhabayi reçut le commandement honoraire de la première division des armées zouloues. Mkhabi et Langazana, deux des épouses comploteuses de son père Senza N'Gakona, avaient la responsabilité de la seconde division. Chaka prenait le commandement de la dernière. Quant à ses demi-frères Dingane et Mhlangane, ils virent leurs privilèges renforcés en s'occupant du patrimoine et des récompenses des dignitaires. Mais ceci ne devait se faire uniquement qu'au sein de la cour impériale. Chaka refusait toujours de leur donner un commandement militaire de grande importance. Dans le même temps, il resserra discrètement son contrôle absolu sur l'ensemble de l'aristocratie de l'empire. Quant à sa mère Nandi, elle avait toujours la place d'honneur dans les cérémonies officielles. Ce n'est que beaucoup plus tard, lorsqu'elle souffrit de maladie, que ses apparitions en public se firent rares. Mais tout l'empire savait que Chaka lui rendait visite régulièrement, pour prendre son avis, avant les décisions importantes. Seul le refus du souverain à accepter une paternité les avait toujours opposés. Un jour, très malade, Nandi fit venir Chaka à son chevet. Dès que l'empereur, qui avait invité Fynn à une partie de chasse à l'éléphant, fut informé de la nouvelle, il se mit immédiatement en marche. Chaka se rendit à Mkhundini, la résidence privée de la reine mère. Mais il arriva trop tard. Et c'est Fynn en personne qui constata que Nandi était déjà morte de dysenterie le 10 août 1827. Après l'avoir longuement contemplée, Chaka poussa un cri de douleur, qui fut repris par tous les Zoulous présents. Ils furent imités par tous ceux qui, de l'extérieur, avaient entendu et compris ce qui venait de se passer. Ce fut le point de départ d'un deuil national qui allait durer une année entière.

Sans atteindre la cruauté exagérément rapportée par certains auteurs, Chaka fera peser et sentir sa douleur à tout le peuple zoulou. Le souverain interdira les ornements et tout ce qui pouvait symboliser la gaieté et le bonheur. Toute manifestation de joie exposait son auteur à une exécution immédiate. Également un fait que certains historiens ont volontairement passé sous silence, est qu'au bout de trois mois de deuil, un homme du peuple dénommé Gala demanda audience au souverain pour lui parler. Après lui avoir présenté ses condoléances, l'homme lui dit courageusement :

« - Nous savons tous combien est grande ta souffrance. Mais l'imposer aussi cruellement au peuple ne fera pas revenir Nandi. Faire souffrir tous les Zoulous est une chose qu'elle n'aurait jamais supportée. »

Chaka reconnut le bon sens, le courage et la franchise de cet homme qu'il devait récompenser avant de le laisser partir. Mais il n'en interrompit pas pour autant le deuil imposé à l'empire. La vie n'a réellement repris qu'à l'expiration de cette période. Ensuite, la traditionnelle cérémonie du « retour de Nandi dans l'univers des êtres humains » fut organisée à Dukuza. Cette particularité zouloue était un rituel célébré à la mémoire (ou en l'honneur) aussi bien des vivants que des morts. Lors de cette cérémonie, il n'y aura d'effusion de sang que celle des veaux sacrifiés à la mémoire de la défunte reine mère et des bœufs abattus pour nourrir les participants. En novembre 1827, à la fin des cérémonies dédiées à la mémoire de Nandi, le Premier ministre de l'empire, Ngomane, annonça qu'une campagne de purification allait être lancée. Elle serait dirigée contre tous les souverains étrangers, notamment le roi des Pédis, qui avaient commis un crime de lèse-majesté envers Chaka. Selon Ngomane, ces chefs de clans irrespectueux n'avaient pas présenté leurs condoléances à l'empereur. Pendant que ses guerriers se battaient, Chaka eut une série d'entretiens avec Fynn qui rapporte dans son journal :

« Je restai en sa compagnie jusqu'à une heure tardive ; nous discutions de sujets se rapportant à l'Angleterre. Tant qu'il était en présence des siens, il se laissait aller, à propos de tout, aux pires interprétations, tournant en ridicule nos mœurs et nos coutumes, mais toujours avec bonne humeur. En l'absence de ses sujets, il nous écoutait avec la plus grande attention et ne pouvait s'empêcher d'admettre notre supériorité dans certains domaines. »

La suite de l'échange est beaucoup plus intéressante. Elle permet de comprendre avec précision les véritables enjeux de cette campagne de purification. Chaka avoua à Fynn qu'il s'agissait d'abord de purifier la mémoire de Nandi. Mais en véritable administrateur, le souverain zoulou ne perdait jamais le Nord. Il cherchait dans toute situation une dimension politique ou économique. C'est sans doute ce qui amena Isaacs à le traiter d'hypocrite. Celui-ci a écrit que le souverain zoulou a de manière très habile exploité politiquement la mort de sa mère. Ceci lui a permis de se débarrasser de bien des gêneurs. Quant à Chaka, il reconnaîtra que la campagne de purification qu'il avait déclenchée lui permettait de s'ouvrir une route directe sur la colonie du Cap. L'objectif était hautement stratégique du point de vue militaire, mais aussi économique. Une raison qui n'abusa personne est que l'opération permit d'éliminer ou de soumettre beaucoup de tribus qui lui faisaient écran, face aux colons. Ils ont longtemps constitué un obstacle entre l'empire zoulou et la frontière coloniale. Leur élimination mettait enfin Chaka en contact direct avec les Britanniques, pour commercer dans un premier temps et par la suite préparer l'inévitable affrontement. Mais il n'en souffla pas un mot à Fynn. Ceci s'explique probablement par le fait que l'opération fut un demi-échec militaire. L'armée zouloue s'est heurtée à des tribus qui lui ont opposé la tactique de la guérilla. Alors que les combattants de Chaka étaient entraînés aux affrontements de masse, contre des ennemis parfaitement visibles.

Le souverain n'en continua pas moins sa campagne. Mais il empruntera cette fois l'arme de la persuasion chère à feu Dinguiswayo. C'était d'autant plus habile que les tribus du Nord étaient passées sous la protection des Britanniques. Ainsi, il n'interrompait pas prématurément le *no man's land* de fait entre Britanniques et Zoulous. Un jour, Chaka expliqua à son conseil impérial que le pays évoluait dans une configuration ethnosociale que l'arrivée massive de nouveaux immigrants britanniques, à partir de 1820, rendait encore plus complexe. Il avait décidé de développer - ceci est encore une de ses nombreuses contradictions - une politique étrangère courtoise et conciliante. Cette idée était à peine croyable, connaissant la nature belliqueuse de l'homme. Chaka, qui n'avait jamais intégré le mot paix à son vocabulaire, parlait de diplomatie. Pour ses proches, cela cachait forcément quelque chose. Aussi peut-on se demander ce qu'il avait réellement en tête. Pouvait-il vraiment être animé d'intentions pacifiques ? Nul ne le saura sans doute jamais, tellement l'homme était secret et déroutant.

Sans donner d'explications claires, il décida d'envoyer une ambassade à son « frère Georges IV ». Le souverain zoulou avait d'abord envisagé de se rendre lui-même en Angleterre. Ensuite il changea d'avis en envoyant une simple délégation, pour servir d'ambassade à Londres via Le Cap. Fin stratège, Chaka décida d'associer des Européens à la délégation. Il poussa la délicatesse (ou la ruse) jusqu'à désigner King comme chef de sa représentation diplomatique auprès du roi d'Angleterre. King était secondé, dans cette mission, par Isaacs et trois hommes de confiance de Chaka, Mbozamboza, Sotobé et Hlambamanzi. Pour compléter l'équipe, qu'il voulait équilibrée (avec trois Africains et trois Européens), Francis Georges Farewell fut désigné comme sixième membre. Mais il verra ses responsabilités réduites, car le souverain zoulou s'en méfiait et le méprisait profondément. À la grande surprise de tous, Chaka décida de garder Fynn en otage, pendant que son ambassade partait chez les colons. Ils arrivèrent le 30 avril 1828. Le jour même, King écrivit au gouverneur pour l'informer de la mission. Celui-ci lui fit répondre que la délégation devait élire domicile à Port Elisabeth. L'ambassade était officiellement reconnue et prise en charge par le gouvernement. Mais pour la suite, il fallait attendre les instructions du roi d'Angleterre.

Quelques semaines plus tard, le major Cloete rendit visite aux membres de la délégation représentant l'empire zoulou. Les émissaires du souverain étaient avant tout porteurs d'un message de paix et de nombreuses questions. Les Anglais auront bien du mal à les déchiffrer clairement. Cela se résumait en une série d'interrogations. Chaka se demandait pourquoi les Européens portaient un tel intérêt à son pays. Pourquoi ils déployaient autant d'énergie pour s'installer sur des terres qui ne leur appartenaient pas. Il se demandait également pourquoi l'Angleterre, qui était une nation civilisée et respectueuse du droit, venait chez lui, Chaka, avec la prétention de vouloir imposer sa loi à des souverains légitimes. Mais en attendant de pouvoir régler tout cela, il souhaitait signer un traité de paix avec le roi d'Angleterre, pour délimiter clairement leurs sphères d'influence respectives.

Le représentant de Sa Majesté adopta une attitude peu diplomatique et très suspicieuse. Il soumit la délégation à un interrogatoire arrogant, en doutant de leur sincérité. Il voyait tout simplement en eux, plus des espions et des provocateurs de Chaka, que des messagers de paix. Il faut dire que sans prévenir ses messagers, Chaka avait déployé quelques unités de combat dans les environs. Ceci, avait-il expliqué plus tard, pour prévenir toute action agressive de la part des Anglais. Et comme l'a écrit Isaacs, le représentant britannique fit preuve « d'autorité mesquine et de petitesse dans l'exercice de ses pouvoirs ». L'ambassade zouloue ne restera que 4 mois auprès des Anglais, suite à la mauvaise foi dont ceux-ci firent preuve. Les Britanniques, loin d'être dupes, avaient sans doute deviné que la démarche de Chaka cachait autre chose qu'une volonté de paix. Autrement dit, ils n'étaient pas assez naïfs pour imaginer le bouillant empereur des Zoulous se soumettre par la diplomatie. Dans ces conditions, les membres de la délégation décidèrent de rentrer faire leur rapport. À leur grande surprise, ils furent reçus à Dukuza avec froideur par le souverain zoulou. En fait la mission était un échec pour les uns et pour les autres. Les Anglais avaient espéré un traité sincère, qui reconnaîtrait leurs droits sur une partie du Natal. Cela leur aurait conféré un monopole du commerce avec les Zoulous.

Quant à Chaka, ses attentes étaient plus floues et le resteront. Car toute tentative d'explication risquerait de se perdre en conjectures. Pourtant, Isaacs a écrit que l'empereur des Zoulous espérait limiter l'expansion des colons au Nord de la Bashee et tirer un certain nombre d'avantages matériels de ce traité. Tandis que d'autres, pour la plupart des auteurs sud-africains, voient dans cette action diplomatique de Chaka une manœuvre pour espionner les forces de Sa Majesté. Car, pensent-ils, ses plans d'attaque étaient prêts dès 1827. Si cette hypothèse se révélait exacte, les Anglais s'en doutaient probablement. Car l'attaque des Zoulous contre les M'Pondos les avait poussés à se méfier encore plus de Chaka. Ce raid, foudroyant, a renforcé les Anglais dans l'idée que leur probable futur adversaire avançait ses pions. Il s'employait à éliminer les obstacles qui se dressaient entre eux.

Pourtant, après qu'il fut informé le 17 août 1828 du retour de son ambassade, un événement peu connu eut lieu. Le 26 août 1828, sous le commandement du Colonel Somerset, les forces britanniques ont attaqué des guerriers ngwanés. Les hommes de Somerset pensaient qu'il s'agissait de Zoulous sur des positions avancées. Bien qu'informé de l'incident, Chaka ne réagit pas, et par la suite, il n'y eut plus d'autres faits de ce genre signalés durant le reste de son règne. Pourtant si les plans d'attaques de l'empereur zoulou étaient réellement arrêtés, il eut par cet incident un excellent prétexte pour répondre à une agression. Il est difficile de comprendre pourquoi Chaka a préféré laisser ses guerriers la sagaie au fourreau. Et ce, d'autant qu'à ce moment-là de l'histoire de l'Afrique du Sud, il disposait du plus grand potentiel guerrier jamais constitué dans ce pays. Ses forces étaient largement supérieures à celles des Anglais et des Boers réunies. Cependant, sa non-réaction pourrait signifier qu'il avait d'autres priorités. Réalité ou simple coïncidence, toujours est-il que selon la tradition zouloue, la période suivante fut consacrée à l'installation dans toutes les provinces de l'empire, d'administrateurs compétents, fanatisés et réputés pour leur loyauté envers le souverain. Une période que la mémoire zouloue retient, sous le nom du « *Temps des réformes* ».

CHAPITRE VII

LE TEMPS DES RÉFORMES ET DE L'UNITÉ CULTURELLE

Vers la fin du XVIII° siècle, certains clans n'gunis s'étaient déjà organisés pour mettre en place des structures étatisées. Mais ces micro-États, dont quelques-uns furent puissants et bien organisés, ne ressemblaient pas aux structures d'une nation au sens souhaité et mis en œuvre par Chaka. En fait, l'histoire de l'empire zoulou plonge ses racines, à plus d'un siècle de distance, dans les entrailles de ces micro-chefferies n'gunies. Elles ont souvent été fédérées, sans efficacité certes, mais toujours sur une idée d'unification. Une minorité de clans avait des ambitions expansionnistes et unitaires plus ou moins importantes. Mais leurs conquêtes étaient aussitôt reprises qu'elles étaient accomplies. C'est donc tout naturellement que, par la suite, Chaka s'est appuyé sur cette vieille tendance à l'unification et à la centralisation pour créer une dynamique d'État. Celle-ci fut l'une des bases de sa grande nation zouloue.

Chaka avait confié l'administration de l'empire à une élite de gestionnaires civils ou militaires, sensibilisés à la mission qu'ils devaient accomplir au service d'un grand État centralisateur. En amont de l'édifice gestionnaire de l'empire, juste en dessous du souverain, il y avait le Conseil permanent. Cet organe était composé d'Indounas et de gouverneurs nommés par le souverain. Durant tout le règne de ce dernier, cet appareil a œuvré pour éviter les carences des petites chefferies précédentes, tant sur le plan économique que social.

Chaque année, au mois de décembre, le peuple entier était réuni dans les différentes provinces, sur ordre du souverain. Une fois l'an, les sujets de l'empire formaient ainsi une Assemblée populaire. L'empereur laissait le soin au

Premier ministre et aux gouverneurs d'annoncer les grandes réformes et les futures campagnes. Le peuple était invité à donner son avis. Pour des raisons facilement compréhensibles, cet avis ne contredisait jamais celui du souverain. Les décisions étaient entérinées par le Conseil permanent. Ensuite, elles étaient appliquées par une administration d'avant-garde, que Chaka voulut très efficace et autoritaire. Par cet appareil extrêmement rigide, le pouvoir pouvait contrôler à la fois la production des biens de consommation, la reproduction du bétail et l'expansion économique. Ceci, disait le souverain, correspondait à des nécessités historiques qui avaient toujours été mal maîtrisées par les sociétés n'gunies.

C'est donc par une telle organisation que l'empire zoulou réussira à s'assurer la maîtrise totale de tous les réseaux commerciaux de la région. Car l'ensemble des administrateurs de l'empire, cheville ouvrière du système, étaient placés sous l'autorité directe du Premier ministre Ngomane, de qui ils recevaient leurs ordres. Ngomane mobilisa tous les rouages civils de l'État, en leur demandant d'agir de concert pour s'attaquer et contrôler Delagoa. Ensuite, à partir de cette importante place, se sont effectués les échanges commerciaux qui ont fait la prospérité de l'empire. Les nations européennes n'avaient pas seulement reconnu la puissance militaire des Zoulous. Sur le plan commercial, pour cette époque là du moins, elles avaient aussi décidé de compter avec eux. Les Portugais, les Hollandais, les Français et les Autrichiens envoyaient des navires pour commercer à Delagoa.

Toutefois, ces nations ne faisaient qu'y passer sur la route du Cap. Chez les N'Gunis, la traite et l'esclavage n'avaient pas cours. Bien avant Dinguiswayo, Ndwandés, Sothos et Pédis avaient tenté de monopoliser la place commerciale de Delagoa. Car tous les peuples du plateau réalisèrent très vite la nécessité de peser sur les circuits économiques de la région. Dinguiswayo fut le premier à tenir partiellement le marché de Delagoa. Mais c'est sous le premier empereur des Zoulous que cette importante plaque tournante du commerce régional fut soumise au contrôle total d'un seul État, qui en fera son principal support économique. Le pouvoir central zoulou a exercé, durant tout le règne de Chaka, une grande influence sur les processus les plus fondamentaux de l'empire. Par une planification concertée avec ses administrateurs, Chaka fixait le niveau et le choix des options que pouvait prendre le processus de production. Comme cet administrateur efficace ne négligeait rien, il mit à profit la capacité qu'avait l'environnement physique immédiat d'entretenir la population. Ce potentiel fut d'une grande importance, puisqu'il conditionnait, par la force des choses, le mode de vie des Zoulous. Chaka avait compris la nécessité de contrôler l'exploitation des matériaux en fonction des ressources naturelles du pays. Dans cette partie du continent noir, longtemps peuplée de cultivateurs et de pasteurs, l'environnement a toujours été une donnée précieuse.

Les administrateurs zoulous organisaient et géraient l'empire en tenant compte du potentiel que leur offraient le réseau fluvial, la végétation, la pluie et le climat. Les ressources qui étaient exploitées grâce à ces atouts naturels, permettaient de constituer un cadre idéal pour l'épanouissement du peuple zoulou. Les principales activités de ces paysans/guerriers, tournaient d'abord autour du travail de la terre et de l'élevage. Aussi, dans un souci primordial d'autosuffisance alimentaire, Chaka réaffirma solennellement que la terre et le bétail appartenaient à la nation zouloue tout entière. Il les distribuait au peuple en fonction des besoins de chacun. Pendant longtemps, il a encouragé dans tout l'empire la culture du sorgho, qui constituait la nourriture de base des populations. Les femmes en tiraient également une bière forte de fabrication locale. Les Zoulous cultivaient aussi des melons d'eau, des citrouilles et du tabac.

Mais après la conquête définitive de Delagoa qui les a mis en contact direct avec les commerçants européens, Chaka a encouragé ses sujets à diversifier les cultures. C'est sous son règne que seront introduits dans cette partie de l'Afrique du Sud, le maïs, la patate douce, le blé et d'autres variétés de haricots et de petits pois. Ses administrateurs obligeaient les Zoulous à creuser des greniers à même le sol des Kraals pour conserver les céréales. Quant au plan social, le réformateur qu'était Chaka, a intégré, par la force certes, des milliers d'hommes et de femmes dans de nouvelles structures nationales. Mais le souverain pouvait aussi faire preuve d'un certain pragmatisme. Il avait habilement manœuvré pour que les structures fondamentales de l'empire ne différent pas trop sensiblement de celles auxquelles avaient appartenu précédemment tous ses sujets. Ceci rendit plus facile l'intégration forcée qu'il leur avait imposée. En fait, Chaka a construit sur les débris d'anciennes structures, mais avec toujours des fondations traditionnelles n'gunies.

L'appareil militaire de l'empire, outre ses nombreuses fonctions, servait aussi de régulateur démographique et social. Le système des Impis de jeunes filles et de jeunes garçons en âge de procréer, que Chaka avait instauré, permit au pouvoir central de limiter les mariages et par conséquent les naissances. Chaka ne toucha pas à la division du travail entre hommes et femmes. Il a cependant redéfini la dimension économique de cette répartition du travail selon les sexes, sans oublier de tenir compte de la place de chacun dans la société zouloue. Les hommes et les femmes enrôlés dans ses Impis devenaient guerriers ou auxiliaires professionnels. Quant aux sédentaires, ils s'occupaient de l'élevage, de la culture du sorgho, du maïs, des haricots, etc. Ainsi, les uns prenaient soin du bétail appartenant à l'empire, en augmentant le nombre par le biais des campagnes guerrières auxquelles ils prenaient part. Les autres fournissaient la nourriture nécessaire aux populations par les cultures vivrières dont ils avaient la charge.

Les sujets de l'empire passaient la plus grande partie de leur vie au service du monarque et entièrement sous la dépendance économique de la nation. À leur retraite, ils disposaient d'un habitat et d'une assistance économique. Ceci était pensé pour que les foyers cessent d'être le centre de gravité de la vie économique et sociale ou des intérêts individuels. Chaka fit jouer à la famille un rôle d'institution démocratique de base, mais sans l'autorité politique décisive qu'elle avait avant l'empire. Le souverain zoulou laissera en place tous les chefs de clans qui s'étaient volontairement ralliés à lui. Il ne remettra donc pas en cause l'existence d'une aristocratie. Mais celle-ci verra ses privilèges grandement amputés. Ainsi il fit en sorte que, du moins en apparence, dans l'empire la hiérarchie sociale soit à l'image de beaucoup d'autres sociétés africaines. La nation zouloue comportait des classes de nobles et de roturiers. Pour réguler les relations entre ses sujets, Chaka mit en place un système législatif très subtil et placé sous son contrôle direct.

Avant l'anarchie qui a longtemps régné en Afrique du Sud, les prérogatives des chefs locaux étaient soumises à des règles établies par des contre-pouvoirs. Ceux-ci étaient composés de notables désignés par les anciens. Ces règles avaient pour but de réduire les effets de la puissance monarchique. Elles se positionnaient à trois échelons. Le premier échelon dit judiciaire, était l'équivalent d'une Cour suprême, qui siégeait pour examiner les conflits majeurs. Quant au second échelon dit magique ou sorcellerie, il était pris en charge par les femmes du royaume. Avant Chaka, cette structure échappait totalement au contrôle des souverains. Ceci explique les nombreuses intrigues de palais, qui finissaient quelquefois en empoisonnement de personnes connues ou anonymes, sans que les commanditaires ne soient clairement identifiés.

L'échelon économique était quant à lui, la fonction royale de redistribution des richesses. Il constituait l'un des pouvoirs les plus importants du souverain. Chaka s'en est servi pour contrôler les moyens de possession du bétail. Ceci avait toujours constitué une forme populaire d'accumulation primitive de capitaux dans les sociétés n'gunies. Aussi, dès son arrivée au pouvoir, il décida de détenir seul le droit d'autoriser les transactions privées comme publiques entre Zoulous et entre la cour impériale et le peuple. Le souverain gardait la mainmise sur l'échelon économique, qui restait ainsi son domaine particulièrement réservé. Cette sphère constituera par la suite le moyen par lequel il allait accentuer la dépendance et par conséquent la loyauté de tous ses sujets. Chaka confia un jour à son ami et vieux compagnon d'arme

Mgobhozi, que les êtres qu'il avait toujours respectés, étaient d'abord sa mère Nandi et ses différents beaux-pères. La première parce qu'elle lui a donné tout son amour et toute son affection. Les seconds parce qu'ils l'ont protégé et veillé à son confort matériel. Autrement dit, cette dépendance envers Nandi et ses différents compagnons qui s'occupaient de lui, de sa sœur et de son demi-frère, a profondément marqué l'empereur des Zoulous. Malgré son indéfectible adhésion aux méthodes martiales, il lui arrivait aussi de penser que l'on pouvait tenir les hommes, plus par ce dont ils vous sont redevables que par la force ou la soumission résignée.

Quant à la pierre angulaire de la politique intérieure de l'empire, elle fut le concept primordial d'ordre et de justice sociale. Chaka pensait que soumettre des peuples était une chose, mais garantir leur égalité pouvait être un meilleur gage de paix sociale. À titre hautement symbolique, il décida donc que la distribution du bétail, saisi après chaque campagne militaire, se ferait toujours en sa présence. Le discours qu'il prononçait avant cette opération, n'avait qu'un but, démontrer au peuple sa volonté de lui faire partager toutes les richesses. Sous l'empire, celles-ci n'étaient plus la seule propriété du souverain, comme dans les régimes précédents. Chez les Zoulous, l'État appliquait un principe de répartition égale des richesses et du système d'affiliation. Ceci tranchait nettement avec les aristocraties précédentes des clans n'gunis, qui s'appropriaient tout avec la complicité des forces armées. La politique de la plupart des souverains locaux se nourrissait d'expédients en excluant toute planification économique. Leur système ignorait toute notion de justice sociale. C'est pour remédier à tout cela que Chaka avait commencé par lutter contre toutes les formes d'injustices attachées au système socio-économique des anciennes entités ethniques qu'il avait intégrées dans la nation zouloue. Mais il le fit de manière intéressée. Car, tout en instaurant un système de parfaite égalité sociale et économique entre ses sujets, il a doté les structures de l'empire d'une incontournable capacité à maintenir tout le peuple sous sa totale dépendance. Jusqu'à la chute de l'empire, c'est en fonction du mérite de chacun au combat et de la loyauté des sujets civils envers le pouvoir, que le souverain effectuait la répartition du bétail saisi à l'ennemi. Pour Chaka, la loyauté et la bravoure ont toujours compté plus que la noblesse du lignage. Au plan administratif, le souverain zoulou divisa toutes les régions en districts civils et militaires (notamment dans les zones frontalières). Il a veillé à ce que toutes ces entités soient très étroitement liées, sans se confondre. L'empereur accorda autant d'importance aux circonscriptions civiles que militaires. Par une représentation sans exclusivité, tant au niveau local que national, il renforça la cohésion de la structure civile. L'armée, en tant qu'organe spécialisé de l'État, fut également dotée de ses propres conseils. Mais l'empereur se réservait le rôle d'intermédiaire entre les autorités civiles et militaires.

Chaka mit ensuite l'héroïsme au centre de l'éthique nationale zouloue. Ceux qui avaient accompli des actes les distinguant du commun des mortels, exerçaient des responsabilités plus importantes. Pour mieux asseoir ce principe, il fit que les princes zoulous, en dépit de leurs origines aristocratiques, n'occupent jamais de postes de commandement importants dans l'armée. Seule la proche famille impériale fera exception à la règle. Certains d'entre eux eurent des commandements militaires, mais à titre simplement honorifique. Ainsi, un nombre incalculable de dignitaires d'origine modeste, occupèrent des postes de commandants militaires, de gouverneurs et d'administrateurs civils. Après l'ordre et la stabilité à l'intérieur comme à l'extérieur de l'empire, le but de Chaka fut d'éviter de laisser des espaces flous. Inoccupés ou indéfinis, ceux-ci pouvaient constituer de fait des vides juridiques, économiques ou sociaux. Selon Chaka, leur existence était de nature à révéler les probables carences d'un système monarchique, surtout si celui-ci se voulait parfait. Le souverain qui devait passer pour celui qui détenait toutes les réponses aux interrogations de ses sujets, ne pouvait pas tolérer cette éventualité. En cela il était d'accord avec Fynn qui lui fit remarquer que tout pouvoir, quel qu'il soit, peut naturellement sécréter ses contre-pouvoirs. Et l'expérience enseigne que ces derniers, finissent toujours par être fatals à l'autorité en place. Pour toutes ces raisons minutieusement étudiées par Chaka, sa décision fut prise d'écraser tout contre-pouvoir précédemment instauré par la tradition n'gunie. Après la mainmise sur l'échelon économique et l'autorité militaire suprême, il décidera d'être lui-même le pouvoir judiciaire. Ensuite, le souverain zoulou devait s'attaquer à l'un des domaines les plus sensibles des sociétés africaines. Il se mit à pourchasser les sorcières, les magiciens et à annihiler le pouvoir des chefs religieux. Chaka confia un jour à son conseiller et ami Issanoussi que :

« Contrôler, soumettre physiquement ses sujets et pouvoir leur dicter sa volonté par la force, n'a jamais été une chose extraordinaire. Ceci est assez aisé, pour peu que l'on possède les moyens, surtout militaires, pour le faire. Par contre, contrôler leur esprit et agir sur leur volonté par le canal de leurs croyances, nécessite d'être aussi puissant que les mystificateurs. Ceux-ci, depuis toujours en Afrique, ont été les confidents des désorientés et les consolateurs des désespérés. Ils sont aussi les féticheurs-miracles de ceux qui, dans leurs malheurs, ne trouvent plus d'explications rationnelles ici-bas. » Il affirmait aussi que : « Les domaines d'action de tous ces personnages est un espace irrationnel où nul souverain n'a jamais réussi à s'imposer, à moins de l'avoir habilement exploité à son profit. »

Et après avoir bien observé les Hottentots convertis par les colons, Chaka sera encore plus cynique. Il dira à Issanoussi que :

« Les colons européens sont très habiles. En convertissant certaines populations africaines, ils les ont encore mieux neutralisées que par les armes. Cette entreprise s'est révélée encore plus efficace que l'esclavage barbare auquel sont soumis les hommes qu'ils ont importés d'Angola ou de Madagascar. Car les chaînes les plus dures à briser sont celles de l'esprit. Regardez les Hottentots, ils entrent dans les lieux sacrés des Blancs pour ne prier que des idoles qui ont la même couleur que leurs maîtres. Voilà pourquoi nous ne devrons jamais adopter leurs valeurs religieuses, ce serait un marché de dupes. »

On ne saura jamais si Chaka s'est inspiré de cette expérience d'évangélisation de certaines populations africaines qu'il qualifiait d'éternels esclaves à l'esprit enchaîné, mais l'homme allait œuvrer pour canaliser les croyances religieuses de ses sujets. Il les transformera ensuite en outils au service de la nation zouloue, mais plus hypocritement, à son profit. Il a éliminé les croyances sectorielles et réduit l'influence de leurs leaders. Il disait à qui voulait l'entendre, que l'existence de multiples religions pouvait constituer un élément de discorde de nature à affecter la cohésion nationale. Mais ce souverain rusé fut prudent dans un domaine plus que délicat dans les sociétés africaines. Il a fait preuve de pragmatisme, en tolérant certaines croyances lorsque celles-ci ne s'exprimaient qu'en privé. Il donnait ainsi l'impression de tenir compte du caractère superstitieux ou mystique de ses sujets.

Ce domaine du surnaturel occupait une place de choix dans cette société. Il était avant tout un culte des ancêtres et du plus illustre d'entre eux, Nkolo Nkolo. Celui-ci est le principal ancêtre primitif des Zoulous dont le culte dépasse celui du dieu suprême Ndyambi Karung. Il existe toujours chez les Zoulous un certain nombre de dieux dont les plus importants sont Mvelin Quangi, le créateur suprême et sa fille, Nomkhu Bulwané, surnommée « la donneuse de vie fertile ». Et entre les humains et les dieux, les ancêtres servent d'intermédiaires. Pourtant, comme le rapporte l'écrivain sud-africain Ngubane, avant l'empire, Chaka ne s'intéressait pas à la religion. L'homme a toujours été en conflit avec les autorités religieuses, pour s'être opposé de fait à tout ce que la culture n'gunie avait produit de devins ou autres guérisseurs. Chaka croyait en la philosophie bantoue. Et celle-ci a une vision positive et optimiste de la personne humaine. Les Bantous ont une conception anthropocentrique du monde, car chez eux tout gravite autour de l'être humain. Selon cette philosophie :

« Dieu est l'explication ultime de l'origine de la substance de l'homme et de toutes les choses. Il est le créateur et celui qui nourrit l'homme. Les esprits sont faits d'êtres surhumains et d'esprits d'hommes morts longtemps

auparavant. Les esprits expliquent la destinée de l'homme. L'homme comprend les êtres humains qui sont en vie et ceux qui sont sur le point de naître. Les animaux et les plantes ou le reste de la vie biologique, n'existent que pour l'homme. Car il est le centre autour duquel gravitent les animaux, les plantes, les phénomènes naturels et les objets, qui constituent le milieu où il vit, et lui procurent les moyens d'exister. L'homme est l'une des cellules éternelles de la conscience infinie, qui ne peut être détruite ; Il est venu au monde par un acte de volonté, pour s'épanouir dans la plénitude de son être. »

Chaka a toujours été adepte de cette philosophie, mais pour « raison d'État » il s'est servi de la religion. Sous son règne la grande cérémonie sacrée des *Premiers fruits* était toujours célébrée. Chez les Zoulous elle était une des nombreuses manifestations de l'omniprésence des ancêtres. Dans cette société, tous ceux qui occupaient une position de commandement étaient *Prêtres du culte des ancêtres*. Les chefs de famille, de village et les Indounas portaient ce titre. Mais Chaka décida un jour de se proclamer *Grand prêtre du culte des ancêtres*, pour se placer à la tête de cet ordre mystique. C'est ainsi qu'il commença à donner une vraie dimension surnaturelle à son pouvoir. Il ne manquait jamais l'occasion de tirer parti de ce culte, qui lui permettait à la fois de renforcer son autorité et d'unifier encore plus étroitement tous les sujets de l'empire. Et même si la plupart des cérémonies furent militarisées, elles ne perdront plus jamais leur caractère religieux. Cependant, la dernière étape de la manœuvre du souverain zoulou sera encore plus habile. Un jour, après les traditionnels exercices quotidiens des Impis, il fit rassembler tous les sujets de la capitale pour leur faire cette proclamation :

« - Mes enfants, une nuit pendant que je dormais profondément, NKolo NKolo m'a envoyé ses messagers ; ces personnages m'ont ordonné d'enseigner à son peuple les Zoulous, honorables célestes, une salutation qui soit belle, agréable et pleine de déférence. Le peuple devra s'en servir pour présenter ses hommages à son chef suprême. Ce souverain, NKolo NKolo l'a établi lui-même pour dominer tous les rois de la terre et commander à toutes les nations qui demeurent sous le soleil et sous la lune. Il commande à tous ceux qui doivent lui payer un tribut et se prosterner devant lui. Vous mes enfants, vous allez vous élever avec moi toujours plus haut !

Avec moi vous allez régner, vous serez craints et respectés de tous les peuples, de la même manière qu'ils me respectent et me craignent. NKolo NKolo vous fait dire que si vous m'écoutez en toutes choses et si vous obéissez ponctuellement à mes ordres, comme je l'écoute moi-même et comme j'obéis à toutes ses instructions, vos enfants verront des choses plus grandes encore que celles que vous voyez. Et lorsque le moment sera venu pour vous de prendre le chemin que doit suivre toute la terre, il enverra à votre rencontre « Nkozana ye Zoulou » la princesse du ciel. Elle viendra au-devant de vous pour vous amener auprès de lui dans son royaume. Là vous régnerez avec lui, vous qui aurez bien obéi à ses ordres. La salutation que j'ai pour mission de vous enseigner, commence par *Bayété* qui veut dire celui qui sert de lien entre Dieu et les hommes. »

C'est ainsi qu'avec les talents d'un incomparable manipulateur, Chaka réussit à se positionner au sommet d'une pyramide de pouvoirs terrestres. Il a aussi fait habilement reposer celle-ci sur une autre force cosmique qui la confirmait dans sa puissance ici-bas. Et cette autorité assise était sans égale. Elle contrôlait et présidait aux destinées de la nation dans tous les domaines. Chaka devait présenter ceci comme un échelon intermédiaire entre d'une part, les divinités et les honorables ancêtres, et d'autre part ses sujets. Il se fit sacraliser par un pouvoir sur terre comme dans l'au-delà. Vers la fin du mois de décembre, il s'octroya le privilège de goûter les premiers fruits de l'année. C'est par ce rituel qu'il donnait le signal de départ à la *Cérémonie de dégustation*. Toute la population assistait à cette manifestation sacrée. Les Bantous, ancêtres des N'Gunis, depuis leur arrivée sur la côte orientale de l'Afrique australe, ont toujours pratiqué une économie agricole de labourage, de pâturage et d'élevage. Les cultures vivrières, les fruits et le bétail ont tenu une place importante chez leurs descendants. Mais le caractère sacré du bétail finira par lui conférer une position centrale dans la vie économique, sociale et culturelle de l'empire zoulou. Du fait de ce lointain héritage bantou, on y vivait en parfaite osmose avec le bétail. Une certaine légende de ce peuple dit que : « *les bêtes abattues, reprennent vie pour devenir la propriété des ancêtres, qui vivent au ciel* ».

Ainsi, la vache était le pivot de cette société profondément superstitieuse. Elle était associée à tous les événements de la vie quotidienne des Zoulous. Tout ce qui provient de cet animal, participait à la vie du peuple, comme le porc dans les sociétés européennes. Il existe toujours chez les Zoulous, dit-on, plus d'une centaine de termes pour désigner les caractéristiques, la couleur de la robe et les cornes de cette bête. La vache était également au cœur d'un des événements les plus importants de la vie des Zoulous qui est le mariage. Dans cette société, l'échange de femmes a toujours été la base de toutes les alliances. La vache y servait de principale dot (*Lobola*) offerte à la famille de la future épouse. Tous les événements importants de cette société étaient accompagnés par des mouvements de bétail entre foyers, mais aussi entre sujets.

Dans toutes les autres occasions, le bétail sacrifié aux esprits des ancêtres procurait de la nourriture (lait, viande), de l'habillement (vêtements de cuir pour les hivers) et même de l'armement (boucliers de bœuf pour les guerriers). Il déterminait la position sociale d'un sujet de l'empire. Car l'accumulation de bétail, était directement liée, non seulement à un pouvoir économique, mais également à une position sociale enviée. Il permettait à tous les sujets de l'empire d'accroître le nombre de leurs épouses. Chaka décida également de récupérer ce mythe sacré du bétail, en se proclamant *Gardien des troupeaux*. En outre, le bétail constituait la principale source de revenus de la société zouloue. Il y constituait un lien unissant les ancêtres à leurs descendants vivants. Jusqu'à nos jours, selon la tradition zouloue, le bétail est sur terre le seul moyen donné aux hommes pour communiquer avec les esprits des ancêtres. Dans les moments difficiles, c'est par ce canal qu'ils font connaître aux ancêtres leurs besoins ou leur demander bénédiction. *Gardien des troupeaux*, Chaka décida de participer à toutes les joies pastorales de ses sujets. Comme il ne laissait aucun espace inoccupé, il mit ingénieusement en scène un rituel journalier destiné à la traite des vaches dans les Kraals.

Le souverain commençait par faire danser les Impis devant lui. Des guerriers spécialement désignés relataient des récits de grandes batailles. C'était là une manière de rendre les honneurs aux vaches avant de les traire. Ensuite, on faisait entrer les bêtes à l'intérieur de l'enclos. D'autres guerriers, formant une haie d'honneur, les y attendaient déjà. Tous les acteurs de cette mise en scène devaient attendre que les bêtes aient fini d'occuper leurs emplacements respectifs, pour être traites. Après cela ils se retiraient dans leurs casernes ou demeures, pour continuer leurs occupations. Alors seulement, au tour des trayeurs impériaux d'accomplir leur tâche. Ils s'avançaient en une longue file, avec leurs seaux au-dessus de la tête, pour éviter la poussière. Le premier de la colonne attendait le signal de l'empereur pour donner l'ordre de commencer à traire les bêtes.

Une certaine légende dit de la bouse de vache qu'elle est source de protection divine. Chez les Zoulous la vache protège toujours, console et reste étroitement associée à la virilité et à la fécondité. Elle est toujours présente dans la vie culturelle des peuples d'Afrique du Sud, notamment par la voie des immolations et des sacrifices destinés aux ancêtres. Les guérisseurs zoulous utilisent depuis longtemps le lait de vache et certains sous-produits de l'animal dans leurs « potions magiques ». Au début, dans les sociétés n'gunies, le bétail était la propriété du clan et du roi. Mais chez les Zoulous, ceci n'était que symbolique. Car si Chaka se disait théoriquement le maître et « *Gardien des troupeaux* », il les redistribuait en de nombreuses occasions. Chaka a œuvré pour que, dans la société zouloue, le système lignager devienne un véritable circuit économique de production et d'échange, avec des rouages relativement autonomes. Ce système permettait à chacun de pouvoir accumuler toutes sortes de biens. L'habile administrateur qu'était Chaka avait manœuvré pour donner une finalité économique, par bétail interposé, à toutes les activités militaires ou civiles de l'empire. Dans son système, seul le bétail avait pris une dimension économique importante. Il était la principale monnaie d'échange, moyennant services loyaux et héroïsme. Ce mode de fonctionnement par rapport à un système de type monétaire fut tout simplement ingénieux. Par la suite, l'introduction de l'argent par les Européens, allait énormément bousculer toutes les structures de répartition des richesses de cette société. Car ce moyen d'échange deviendra le plus pervers des instruments de corruption jamais introduits en Afrique du Sud.

Au demeurant, les réformes administratives, économiques et sociales accomplies par Chaka ont permis de créer un grand État respecté parce que riche, puissant et centralisé. Cependant il est difficile de mesurer l'impact des manœuvres mystiques du souverain zoulou sur le comportement des sujets de l'empire. La seule certitude est, qu'au plus fort du règne de Chaka, l'empire connut un niveau d'unité administrative, sociale et culturelle jamais réalisé en Afrique du Sud au cours des siècles précédents. Être Zoulou n'était plus synonyme d'appartenance à un clan ou à une famille. Il signifiait l'appartenance à un ensemble où, familles et ethnies ont été dissoutes dans un empire prestigieux et au service d'un souverain sacré par NKolo NKolo. Cet empereur, *Maître des récoltes, Gardien des climats, des troupeaux et de la pluie*, veillait sur le bien-être et la prospérité de l'empire. Chaka Zoulou a incontestablement bâti par la force un empire rayonnant. Pourtant il consacra plus de temps à réformer ses structures qu'à des conquêtes militaires. Il a pu faire passer toutes ces réformes sans grande brutalité, en conservant certains piliers des organisations précédentes. Pour le reste, l'homme a habilement misé sur les capacités d'adaptation des sociétés bantouphones.

CHAPITRE VIII

LA CHUTE DE L'EMPIRE ZOULOU

Après avoir longtemps su éviter les pièges du pouvoir, Chaka se laissera progressivement enfermer, par de nombreux courtisans, dans la mégalomanie et la solitude d'un monarque absolu. L'excès de puissance à la tête de l'empire l'avait isolé des réalités quotidiennes de son peuple pour l'entraîner tout droit dans l'univers de la démesure. Chaka était devenu despotique. Le peuple zoulou supportait de moins en moins sa cruauté et sa politique imprévisible. Ceci allait sonner le glas de son pouvoir. La décadence et la chute devaient faire suite à la grandeur et au rayonnement. Au sommet de sa gloire, Chaka aimait à rappeler à son peuple qu'un Zoulou, aussi jeune soit-il, n'était que l'équivalent d'un « bœuf destiné à l'abattoir et aux vautours ». Mais contrairement à ce qu'affirment certains historiens qui lui prêtent ce principe, Chaka ne l'a pas inventé. Bien avant sa venue au monde, dans tous les clans bantouphones, dès la naissance l'enfant mâle était surnommé le « Bœuf destiné aux vautours ». C'est-à-dire un futur guerrier dont le destin le plus sûr est la mort au combat, pour servir inévitablement de proie aux vautours. Mais appliquer un tel principe à tous ses sujets, militaires comme civils, témoigne de la démesure atteinte par le souverain zoulou au bout de 12 ans de règne. Chaka finira par obliger son armée et son peuple, à se prosterner devant lui aux sons de :

« *Bayété ô père seigneur des seigneurs, ô toi grand lion, éléphant et Zoulou céleste, conduis-nous Chaka.* »

Le souverain zoulou ignorait ce vieil adage africain qui dit que : « *Le peuple respecte son roi comme le roi doit respecter son peuple* ». La puissance de son pouvoir avait fini par l'aveugler au point d'oublier qu'aucune nation n'a supporté très longtemps la dictature. De tous temps elle n'a été que tolérée par les peuples, selon qu'ils sont provisoirement soumis à un rapport de force défavorable ou réalistes, en fonction d'intérêts socio-économiques circonstanciés. Cette tolérance trouve ses limites dans le temps. Très peu de souverains ont pu voir venir le moment de la rupture. Aussi, c'est vers la fin de son règne, que Chaka Zoulou s'est cru le plus vénéré. À chaque cérémonie officielle, il obligeait tous ses sujets à entonner un chant de louanges composé en son honneur. Dans le genre, il fut le plus beau et le plus long de l'histoire de l'Afrique. Le souverain loin de s'en douter, allait être victime d'une conspiration mise au point par ses demi-frères. Ceux-ci, avaient longtemps attendu le moment opportun.

En juin 1828, l'empereur transforma un Impi de porteurs en unité combattante, ce qui obligeait les guerriers, comme les chefs militaires de l'armée du Nord, à transporter eux-mêmes leurs bardas (ou paquetages). Dingane et Mhlangane, à qui Chaka n'avait accordé que des privilèges de noblesse de cour, mais pas assez militaires à leur goût, n'étaient donc pas épargnés. Feignant d'être malades, ils choisirent de rentrer à Dukuza, en compagnie de quelques dizaines de guerriers. Ils étaient parfaitement au courant du moral des troupes et d'un certain agacement des chefs. Malgré ses promesses de paix, Chaka avait repris les campagnes militaires. Ceci commençait à lasser sérieusement beaucoup de ses Indounas, même s'ils n'en parlaient pas. Pourtant, bien que la mort de sa mère Nandi ait eu des répercussions néfastes sur son comportement, le souverain zoulou avait repris ses esprits, après une période où il mena la vie dure à ses sujets. Il avait même des projets grandioses qu'il soumit à ses conseillers et à son Premier ministre. C'est sans doute pour en discuter qu'il reçut Fynn et Isaacs, les 16 et 17 septembre 1828 à leur demande. Fynn rapporte leur entretien dans son journal :

« *Une discussion s'éleva entre nous, à propos de la campagne qui se déroulait alors. Comme d'habitude, nous n'étions pas du même avis. Je lui dis qu'à mon avis, s'il désirait rester en bons termes avec les colons, une guerre menée contre des tribus frontalières ou comme celle qui était menée à cet instant, ne saurait les persuader de ses intentions pacifiques. Lui de son coté, prétendait qu'ils n'étaient pas, quoi que l'on puisse en penser, des alliés mais des ennemis dangereux et que nous les Européens, ne faisions que ruser avec les Africains. »*

Après cela, Henry Francis Fynn quittera le Natal en compagnie de son frère William. Tous ses écrits, qui nous ont partiellement éclairés sur cette période, avaient été enterrés avec Frank son deuxième frère. C'est beaucoup plus tard que Fynn réussira à reconstituer, de mémoire, ce qu'il avait vécu au cours de ses nombreuses visites chez les Zoulous. Il se mettra ensuite au service du gouverneur du Cap, qui appréciait ses connaissances de la région et de la nation zouloue. Fynn retournera souvent au Natal où il devait mourir en 1861. Ce personnage est aussi difficile à cerner que Chaka Zoulou lui-même. Il était l'un des rares Européens avec qui l'empereur prenait grand plaisir à converser. Et selon ses dires, il lui aurait souvent servi de conseiller, pour l'aider à comprendre l'état d'esprit des colons.

Pourtant l'aventurier britannique n'arrête pas de décrire la cruauté du souverain zoulou tout au long de son journal et à se montrer horrifié. Il reconnaît cependant, avoir toujours entretenu d'excellents rapports avec lui. L'homme était visiblement fasciné par la personnalité peu ordinaire de Chaka. Il était tout autant impressionné par son sens de l'organisation que par l'extraordinaire puissance des forces de l'empire zoulou. On peut raisonnablement penser que le fin observateur qu'il était, savait inévitable un affrontement meurtrier et déterminant entre Zoulous et colons européens. Aussi, en lui, le commerçant avait sans doute misé, au début, sur la victoire de Chaka avec qui il pourrait faire affaire. C'est probablement ce qui l'a empêché de prendre ses distances avec le souverain zoulou. Force est de reconnaître avec le recul, que son jugement n'était pas non fondé. Car plus de cinquante ans après la mort de Chaka, les Zoulous ont réussi à écraser les forces britanniques avec l'organisation qu'il avait mise en place. Et en 1828, peu avant sa mort, le souverain zoulou disposait d'une puissance guerrière largement supérieure à celle de son descendant Cétiwayo à

Hisandhlawana. Autrement dit, Fynn a parfaitement pu modifier ses récits au moment de leur publication, après la mort du premier empereur zoulou. Car la dissidence qui s'en est suivie annonçait la fin proche de l'empire. Et ce, d'autant que par la suite fut ouverte l'ère de la diabolisation des Zoulous et de la démolition du mythe de Chaka.

Au moment de leur dernière conversation - s'il est permis de se demander, comme toujours, si Fynn a rapporté les propos de Chaka sans les déformer - le doute n'est pas permis quant à l'état d'esprit du souverain. Lui qui avait toujours respecté un *no man's land* avec les colons, les traitait alors ouvertement d'ennemis dangereux. L'affirmation de certains auteurs, selon laquelle Chaka échafaudait des plans pour une attaque d'envergure contre les Boers et les Anglais, parait vraisemblable. Recoupée avec la tradition zouloue, celle-ci rapporte que Chaka envisageait de rassembler tous les peuples de la « *Race des palmes* », c'est-à-dire les différents clans sud-africains, pour attaquer les colons.

Toujours est-il que Dingane et Mhlangane choisirent ce moment-là pour envoyer un messager au Premier ministre de l'empire. Ils l'avertirent de leur retour pour cause de maladie. Peu après, Chaka les vit rentrer dans leurs résidences respectives. Ils expliquèrent au souverain comment ils avaient dû renoncer à poursuivre la campagne contre Soshangane. Le souverain zoulou avait eu vent d'une certaine rumeur. Celle-ci disait que ses demi-frères étaient revenus du terrain avec de nombreux déserteurs. Mais Chaka, sans doute trop préoccupé par ses projets contre les Boers et les Anglais, fit preuve d'indulgence (ou d'inattention). Il attendait aussi des nouvelles d'une mission envoyée pour trouver l'emplacement de mines de fer dans le Nord. Ceci laissa tout le loisir aux comploteurs pour bien s'affairer dans leurs préparatifs. Ils savaient qu'il leur fallait faire vite avant le retour de l'armée, qui pourrait contrarier leurs plans. Un messager arriva deux jours plus tard, pour rendre compte des nouvelles du front. Elles n'étaient pas réjouissantes. Après avoir traversé le pays des Pédis, l'armée zouloue avait été la proie du paludisme et d'une plante vénéneuse. Quant à l'adversaire Soshangane, il se dérobait sans cesse, mais aux dernières nouvelles, un Impi était sur le point de l'encercler. Chaka mettait un point d'honneur à réussir cette campagne, importante à deux titres. D'abord parce qu'il fallait se débarrasser d'un adversaire coriace.

Ensuite, cet adversaire était devenu une menace pour l'économie de l'empire, depuis qu'il s'était installé près de la baie de Delagoa. Il aurait réussi à conclure un pacte commercial avec les Portugais. Soshangane avait déjà affronté Chaka quelques années plus tôt. Lors de la bataille contre les redoutables Ndwandés de Zwidé pour venger la mort de Dinguiswayo, une de leurs divisions était commandée par Soshangane secondé par Zwangendaba. Après la défaite ils prirent la fuite vers le nord. C'est après cela que l'empereur apprit leur installation près de Delagoa et leurs ambitions commerciales avec les Portugais. En réalité, Soshangane ne fut jamais encerclé par les troupes zouloues. Il préféra s'enfoncer encore plus au Nord pour fonder le royaume de Ghasa. Les nouvelles du front étaient donc à moitié exactes, la campagne touchait à sa fin.

Dingane et Mhlangane comprirent alors qu'ils ne devaient plus perdre de temps. Qu'il leur fallait tuer Chaka eux-mêmes, s'ils voulaient s'emparer du pouvoir. Ces hommes que l'empereur zoulou avait épargnés lors de son intronisation sur le trône n'guni à la mort de Senza N'Gakona, allaient être ses assassins. Ils allaient eux-mêmes accomplir leur forfait. Ils n'auront pas réussi à soulever le peuple contre Chaka. Ils ne réussiront à motiver ni chef militaire ni guerrier et même aucun serviteur pour poignarder ou empoisonner l'empereur. Leur seul complice dans cette besogne sera Mbopha, un autre demi-frère et illustre inconnu. Pourtant, comme dans toutes les dictatures qui auront duré aussi longtemps, le mécontentement avait fini par gagner beaucoup de dignitaires du régime. Une situation qui était sans cesse attisée par les demi-frères revanchards du souverain, qui préparaient de longue date son assassinat. Ils savaient aussi que dans cet univers presque shakespearien, seuls des proches pouvaient facilement accomplir un tel forfait, à l'image de l'ambitieux Macbeth guettant le roi Duncan. Contrairement aux arguments de certains détracteurs de Chaka, cette mise à mort n'était pas motivée par le souci désintéressé de libérer un peuple. Sinon comment expliquer qu'aucun dignitaire civil ou militaire de l'Etat, n'a été mis au courant des projets de Dingane et de son complice. Bien au contraire, ceux-ci ont jugé bon de profiter de l'absence de la plupart des chefs militaires, partis avec leurs Impis en campagne contre Soshangane. Et ils éviteront d'affronter en face leur victime, comme des sénateurs épris de démocratie et un Brutus loyal à César, mais encore plus au service de Rome.

Les deux comploteurs dissimulaient chacun une sagaie sous son karo. Prêts à bondir, ils s'étaient cachés derrière une clôture. Chaka leur tournait le dos. Ils s'approchèrent pour le poignarder presque en même temps. Après les avoir longuement contemplés, le souverain zoulou mourant, prononça ces mots à leur encontre :

« - Pourquoi ? Qu'y a t il, enfants de mon père ? Vous croyez que vous régnerez sur l'empire zoulou après ma mort, mais il n'en sera rien. Ce sont les hirondelles qui y régneront. »

La plupart des témoins du drame s'étaient enfuis. Le poète Nomnxamana qui était présent, se mit à chanter l'épopée du père de la nation zouloue. Après avoir copieusement insulté les assassins, il se trancha la gorge. Quant à Pampatha, que Chaka n'avait jamais abandonnée, elle accourut auprès de son amant dès qu'elle apprit la nouvelle. Elle passa la nuit à veiller le corps, pour éloigner les hyènes. Au petit matin, elle s'empressa d'aller avertir N'gomane le Premier ministre de l'empire. Puis elle se mit en route pour rejoindre Ngwandi, un autre demi-frère de Chaka. Pampatha envisageait d'organiser avec lui la résistance contre Dingane et Mhlangane. Mais Mbopha, complice de ces derniers, prit la tête d'un petit détachement, pour aller assassiner Ngwandi. Bien des auteurs ont oublié ce personnage, en qui Chaka avait une grande confiance. Discret de nature, Ngwandi, second fils de Nandi, joua un rôle important dans l'avènement de son demi-frère. Il commanda un Impi lors des combats décisifs de conquête du pouvoir. Pour le remercier, le souverain zoulou lui confia un territoire, qu'il a longtemps gouverné en toute autonomie. Ceci avait suscité la jalousie de Dingane et Mhlangane. Après avoir assassiné l'empereur, ils ont saisi l'occasion de se débarrasser de Ngwandi, en lui envoyant un détachement de guerriers commandé par Mbopha. Il fut massacré avec les siens.

Quant à Pampatha, elle se donna la mort pour rejoindre son célèbre amant, par une fin tout aussi tragique. Longtemps après la mort de Chaka, son aura continuera néanmoins à planer sur cet empire. Après le départ de Pampatha, Dingane et Mhlangane firent enlever le corps du souverain défunt. Chez les Zoulous on enterrait les monarques selon l'image qu'ils laissaient (combattant, sage, despote etc.). Ils étaient ensevelis debout, assis ou allongés. Ensuite, une case était élevée au-dessus d'eux en guise de mausolée. La garde de ce lieu sacré était assurée à vie, par un groupe de guerriers affectés spécialement à cette tâche. Interdiction leur était faite de s'éloigner du mausolée. Chaka fut enterré debout avec des tonnes de perles et d'objets en bronze lui ayant appartenus. Ses demi-frères demandèrent aux gardiens de ne pas divulguer l'endroit où reposait le souverain défunt. La mort du père de la nation zouloue ne fut annoncée au peuple qu'au bout de plusieurs jours.

Ses demi-frères redoutaient la réaction du peuple. Or, la logique veut que la disparition d'un despote sanguinaire donne lieu à une explosion de joie chez les opprimés. Paradoxalement, Dingane et son complice de demi-frère ont cru bon de préparer le peuple avant de lui annoncer la mort de son souverain. Ils craignaient également la réaction des chefs militaires à leur retour. Beaucoup d'entre eux devaient leur promotion et leur réussite sociale à l'empereur défunt. Aussi, garder le secret de sa mort et le lieu où reposait sa sépulture, permit aux assassins de gagner du temps. Mais malgré leurs précautions, l'endroit fut découvert. Et depuis, de génération en génération, les Zoulous vont se recueillir en ce lieu, où un monument fut érigé en 1932. Et le poète zoulou chante ainsi l'empereur :

« Celui qui est comme un esprit ancestral
Ne peut être tué.
Il est comme les étoiles de la voie lactée
quand elles montent dans le ciel,
Il est comme la pluie qui tombe sur la tête
des plantes en maturation,
Il est la forêt qui garde le secret
De nos légendes.
Celui qui est un esprit ancestral
Ne peut être tué.
Maintenant encore, on chante son chant.
On appelle son nom.
On danse dans l'arène en écoutant les échos
de son épopée,
Jusqu'à la fin des temps son bouclier
protégera le héros des vents,
Et ses enfants s'élèveront
Comme des locustes ?
Ils disperseront la poussière
de nos ennemis,
Ils libéreront notre terre pour
la Race des palmes. »

Après la mort de Chaka, Dingane et Mhlangane gouverneront ensemble pendant un temps. Ils commencèrent par éliminer les plus fidèles partisans du défunt empereur, dont Zihlando, et quelques rares Indounas ayant tenté de réagir à leur prise de pouvoir. Cependant, l'alliance objective entre les deux hommes n'allait pas durer. Poussés par les mêmes ambitions, chacun avait échafaudé des plans pour neutraliser l'autre. Les demi-frères de second plan Mbopha et Mkhabayi, s'allièrent à Dingane pour assassiner Mhlangane, en novembre 1828, pendant que celui-ci se baignait. Dingane n'aura aucun mal à conserver le pouvoir, car les troupes de l'empire étaient rentrées de campagne, épuisées. Leurs rangs avaient été éclaircis par les fièvres et les maladies contractées dans les régions marécageuses du Mozambique. Les Indounas et leurs hommes étaient dans un piteux état. S'ils n'ont pas déposé Dingane, c'est tout simplement parce beaucoup d'entre eux étaient soulagés de n'avoir pas eu à faire leur rapport à Chaka. Celui-ci, comme tout le monde le sait, était sans pitié envers des troupes en débandade. Profitant de cette situation psychologiquement idéale, Dingane ne commit aucun « Massacre de lâches ». Il fit prêter serment de fidélité à la plupart des Indounas, en leur promettant de mettre fin aux guerres d'expansion. Il promit également d'arrêter les nombreuses exécutions qui avaient marqué le règne de Chaka. Pour se faire encore plus rassurant, il envoya un messager aux Boers installés dans le Natal. Il les informa des changements intervenus à la tête de l'empire et de son intention de faire la paix. Il décida d'envoyer un ambassadeur auprès de John Caine et Jackot, les autorités de la colonie anglaise du Cap, pour manifester ses intentions pacifiques.

Cette erreur lui sera fatale plus tard, car si les Boers et les Anglais n'avaient jamais attaqué Chaka, c'est qu'ils respectaient et craignaient l'homme. Le charismatique souverain zoulou était caractérisé par une grande assurance et une arrogance que justifiait son incontestable puissance militaire. Les autorités coloniales interpréteront le geste de Dingane comme un signe de faiblesse qu'ils n'allaient pas tarder à exploiter. Et ce, d'autant que le calme et la stabilité de l'empire étaient encore ébranlés par de nouveaux conflits. Ceux-ci opposaient Dingane aux chefs militaires restés fidèles à Chaka, Mdlaka et Ngoetho. Ces derniers seront finalement mis à mort par le nouveau chef zoulou. Puis, Dingane recommença les campagnes militaires, mais avec moins de réussite que Chaka. Ceci mettait à mal le prestige de la formidable machine de guerre zouloue. A trois reprises, il essuya des revers face aux guerriers ndébélés du chef Mzilikaza, ancien allié et ami de Chaka. Peu après ces événements, les colons se manifestèrent, en réponse aux actions diplomatiques menées par Dingane auprès d'eux. Les premiers contacts entre Dingane et les Boers furent timides et distants, comme dans toute phase d'observation silencieuse. Les Boers demandaient à Dingane la permission de s'installer sur des terres du Natal. Ensuite, le chef zoulou reçut en octobre 1837 leur représentant, Piet Retief, pour négocier.

Celui-ci réclamait un bout de territoire, situé entre les fleuves Thukela, Mzimvubu et la montagne du Khahlamba, pour installer sa colonie. Dingane finira par accepter, mais à l'inverse de Chaka, son demi-frère ne comprenait rien à la mentalité des colons. Dingane pensait qu'en accueillant les Boers sur des terres de son empire, ceux-ci allaient naturellement être ses sujets. Il ne tarda pas à réaliser son erreur. Durant les jours qui suivirent, il fut informé des mouvements incessants de nombreux convois. Ceux-ci transportaient des populations Boers, qui venaient occuper les terres du Natal. Le 3 février 1838, Dingane, déjà dépassé, donna l'ordre à deux Impis de l'armée zouloue de massacrer une délégation de Boers, avec à leur tête Piet Retief.

La réaction des colons déclencha un affrontement sanglant. Au cours de cette bataille, à Wienen, les colons perdront 500 hommes. Mais les Boers reviendront en masse, sur un effet de surprise totale, pour massacrer 3 000 Zoulous. Ils baptiseront plus tard ce fait d'armes « la bataille de Blood River ». Après les Boers, les Anglais saisirent l'occasion de « rendre visite » aux Zoulous. Le capitaine Jarvis arriva à Port Natal avec un contingent britannique, pour imposer une trêve précaire dans ce conflit. Jarvis devait ensuite exceller dans la politique, si anglaise, de « diviser pour régner ». Il réussit à retourner M'pandé, un autre demi-frère de Chaka, contre Dingane. M'pandé est sans aucun doute le personnage le plus curieux de la famille impériale zouloue. Il s'est toujours tenu à l'écart des querelles et autres intrigues de palais pour ne pas se faire remarquer. En menant une vie très effacée, il fut même qualifié de simple d'esprit et d'efféminé. Mais les Anglais ne s'y trompaient pas. L'homme avait la carrure d'un grand chef. M'pandé, fit sécession et traversa le fleuve Thukela à la tête de quelques Impis, pour se réfugier au Natal. Suivant un plan de division machiavélique, les Anglais demandèrent aux Boers de l'aider à envahir le territoire zoulou. Ils s'arrangèrent ensuite pour le faire savoir à Dingane, en l'informant du fait qu'il leur était devenu impossible de négocier avec un souverain dont l'empire était divisé. Car les décisions n'émanaient plus d'une autorité centrale. Escomptant qu'une telle situation allait déclencher une guerre fratricide entre les deux armées zouloues, les Anglais attendaient sereinement son issue. Au bout de quelques confrontations, en mars et mi-avril 1840, Dingane fut défait et chassé des bases de son empire. Le souverain déchu ira se réfugier au Swaziland où, selon la mémoire zouloue, il mourra assassiné. M'pandé fut couronné roi des Zoulous. L'empire continua, malgré cet épisode, à coexister avec les colons et d'autres tribus non intégrées en son sein. Mais dès 1876, une autre guerre fratricide allait opposer cette fois les héritiers de M'pandé. Celui-ci est mort après 36 ans de règne. Son fils Cétiwayo, sorti vainqueur de la guerre de succession, le remplacera sur le trône. Dans un premier temps, il se montrera conciliant, en adoptant une stratégie de « Realpolitik » avec les colons.

En mars 1877, Cétiwayo donna son accord pour le recrutement de travailleurs immigrants vers le Natal. À cette époque, la révolution industrielle commençait à mettre en place un système de main-d'œuvre migratoire. Les colons proposaient de verser au souverain zoulou une sorte de dîme au départ et au retour de chaque travailleur. Cétiwayo s'était particulièrement intéressé à l'œuvre et aux derniers projets de son visionnaire oncle Chaka. Aussi, il ne se faisait aucune illusion sur les réelles intentions des colons. Les choses ne tardèrent pas à s'envenimer, dès le mois de novembre 1878. Il savait que les Anglais et les Boers n'avaient jamais supporté la puissance et l'impérialisme militariste zoulou. Pourtant ils s'étaient bien gardés de s'y frotter du vivant de Chaka. Les Boers ont longtemps profité de ce que les Zoulous étaient occupés ailleurs, pour consolider leur présence en Afrique du Sud. Ensuite après avoir bousculé ou soumis certains clans faibles et peu guerriers, ils se sont employés à limiter l'influence des nouveaux-venus britanniques dans leurs affaires. Mais face à la puissance zouloue, devenue très menaçante, les Boers ont fini par devenir les alliés objectifs des Anglais. Et longtemps après la disparition du mythique empereur Chaka Zoulou, ils pensaient que les choses avaient changé. Il était temps pour eux, pensaient-ils, de mettre fin à cette menace permanente. Ainsi, dans l'histoire de l'empire zoulou, Cétiwayo, fils de M'pandé demi-frère de Chaka, eut la lourde tâche de faire face aux colons. Il le fit d'une manière efficace lors du premier affrontement. Ce haut fait d'armes fut pour les Anglais l'humiliante défaite de Hisandhlawana. Toutefois à Londres, le pouvoir central de l'empire britannique avait décidé d'en finir avec cette puissance guerrière, quels que soient le prix à payer et le temps nécessaire. En avril 1879, une patrouille fut envoyée en pays zoulou, pour ramener un captif. Avant d'attaquer, les Anglais - qui étaient devenus très prudents après Hisandhlawana - tenaient à disposer d'informations précises sur les intentions, l'armement et le moral des Zoulous. En fait de captifs, la patrouille devait ramener un jeune colon européen tout nu et aux allures de clochard affamé. Pour comprendre l'état d'esprit des colons à ce moment-là, il est important de rapporter le récit de ce prisonnier de guerre, qui affirmait avoir miraculeusement échappé aux Zoulous :

« - *Vous vous rappelez, après la défaite, nous fuyions, poursuivis par les Zoulous. Mon serviteur Mongo, n'arrivait pas à se tenir en selle. Il eut le malheur de s'écraser sur un chef zoulou. Je sus plus tard qu'il s'agit de Mbellini. Il était en train de faire prisonnier le colonel Wood lorsque Mongo lui est tombé accidentellement dessus. Les Zoulous tuèrent Mongo et je fus fait prisonnier. Mbellini décida de ne pas me tuer tout de suite. Je fus confié, en même temps que des blessés, à un groupe de guerriers pour assurer ma garde. Ils nous entraînèrent en pays zoulou. Aux haltes, ils me donnaient tout juste assez d'eau pour me maintenir en vie. Je passai du brûlant au glacé et arrivai en vue du Kraal de Mbellini, citadelle inexpugnable, que les Britanniques n'osaient pas attaquer. Les guerriers de mon escorte me jetèrent au milieu de la cohue de leurs filles et femmes en colère. Elles me flagellèrent, me piquèrent avec toutes sortes de pointes, jusqu'à ce que les guerriers leur demandent de s'en aller et on me ligota à une souche. Ils me laissèrent là en proie au soleil, au froid de la nuit, aux douleurs dues aux épines de cactées restées dans ma chair. Le troisième jour, les guerriers blessés, fatigués, rompus, revinrent, et avec*

Mbellini à leur tête. Je crus comprendre qu'ils avaient repoussé l'attaque anglaise avec beaucoup de pertes. Mbellini me contempla longuement de son regard menaçant. Puis il se mit à ricaner avec ses hommes. J'envisageais alors ce qui m'attendait avec la pire des angoisses. À ma grande surprise, des matrones me nourrirent d'un gruau infâme. Puis, le lendemain, les guerriers se saisirent de moi et me traînèrent devant Mbellini.

Dépouillé d'une partie de mes vêtements, je comparus devant le chef dont je ne compris rien au discours. Les Zoulous m'avaient laissé mes bottes, ça ne les intéressait pas. Ils pensaient que moi qui ne suis pas habitué à être pieds nus, je ne pourrai pas courir sans mes bottes. Le jeu risquait d'être moins amusant. Évidemment je n'eus pas d'autre choix que de détaler et très vite sans même m'en rendre compte. Je me lançai à corps perdu dans la pente boisée, dévalant plus que courant. Je ne savais pas si je distançais mes poursuivants. Au bas de la colline coulait un petit torrent. Sans savoir s'il contenait assez d'eau, je m'y jetai, espérant ainsi échapper à mes poursuivants. Et arriva un nouveau personnage.

Les Zoulous me remontèrent au Kraal. Là, le nouvel arrivant se disputa copieusement avec Mbellini. À ce que je crois comprendre, il avait la préséance sur celui-ci. Finalement ils se saisirent de moi et me traînèrent encore au plus profond du pays zoulou. À bout de forces, je pénétrai dans un énorme village, sans doute la capitale du roi. Là, une foule de Zoulous m'attendait. Je craignais d'être encore lapidé, fustigé. Mais à part quelques guerriers qui firent mine de me frapper, l'ensemble garda un calme impressionnant. Je me retrouvais sans doute devant le roi et sa cour, ses frères, ses épouses et ses conseillers. Un métis portugais était présent pour traduire le discours du roi. En fait ce que le roi m'a dit ne pas comprendre, c'est pourquoi la reine d'Angleterre se mêle de leurs affaires, alors que lui roi zoulou, ne s'intéresse pas à ce qui se passe en Europe. Et le roi d'ajouter que, si les Britanniques voulaient la guerre, il faudra compter avec les Zoulous qui n'ont pas l'intention de les laisser faire la loi au pays de leurs ancêtres. Ensuite, on m'utilisa comme esclave, accomplissant les travaux domestiques dévolus aux femmes. Un jour, le roi me confia à deux de ses gardes pour refaire le chemin à l'envers, nu et déchaussé. C'est en profitant de l'inattention des gardes zoulous, que j'ai réussi à m'enfuir. »

En réalité les Zoulous l'avaient volontairement humilié, et mis en position d'observateur de leurs forces. Ensuite, Cétiwayo avait donné l'ordre d'organiser son « évasion », dont le but ne pouvait échapper aux colons. Ceux-ci avaient bien reçu le message de leurs adversaires. Les Zoulous étaient puissants et solidement accrochés à leur intégrité ethnique et territoriale. Pour les faire plier, il fallait les battre définitivement ou quitter leur pays. Mais Cétiwayo avait commis une grave erreur stratégique. Sur la lancée de Hisandhlawana, il avait donné l'ordre à des Impis d'attaquer la clinique de campagne de Roke's Drift. La résistance acharnée de 128 hommes défendant les lieux, devait freiner l'avance des troupes zouloues au Natal.

Ce tournant imprévu dans la campagne permit aux Britanniques de gagner suffisamment de temps pour préparer une guerre totale, en mobilisant des forces sans précédent. Les autorités britanniques allaient exploiter la soif de vengeance animant tous les colons du pays (Anglais et Boers) depuis l'humiliation de Hisandhlawana. Il arrivera plus de troupes qu'elles n'en attendaient. La force mise sur pied, pour combattre les Zoulous, sera composée de 15 bataillons d'infanterie, de 9 régiments de cavalerie et d'un nombre incalculable de canons. En plus de militaires des forces régulières, des civils, armés pour la plupart, arrivèrent du Natal, du Transvaal et du Cap, pour se joindre aux troupes britanniques. Des unités combattantes venaient aussi d'Europe avec, à leur tête, des personnalités célèbres comme Louis Eugène Bonaparte, fils de Napoléon III, qui sera tué au cours de cette campagne. Il fallut des milliers de chariots et des troupeaux entiers pour assurer l'intendance d'une force aussi gigantesque. Le 22 juillet 1879, une terrible bataille s'engagea entre l'armée zouloue et la coalition formée de Britanniques, de Boers et de renforts venus d'Europe. Ces forces, jamais utilisées au cours d'une bataille coloniale, allaient venir à bout de la puissante machine de guerre zouloue. Cétiwayo réussira à quitter le champ de bataille, mais sera fait prisonnier par la suite. L'empereur défait prendra le chemin de la Captivité chez les colons, où il fut détenu de septembre 1879 à juillet 1882. C'était une première, dans l'histoire de l'empire zoulou. Les Anglais démantèleront l'empire. Ses anciens territoires furent éclatés en 13 chefferies, placées sous l'autorité d'un Résident britannique. Mais les colons n'en avaient pas pour autant fini avec les Zoulous. Cette tentative de démembrement allait exacerber le patriotisme et l'esprit de résistance forgés par Chaka. Les Zoulous avaient compris qu'ils devaient leurs échecs à la série de divisions que l'empire avait connue depuis l'assassinat de Chaka. Cet éclatement avait été aggravé par la lutte fratricide qui opposa Dingane à M'pandé.

En 1906, le peuple zoulou allait se montrer uni, dans un ultime soulèvement contre les colons Boers et britanniques. Les autorités coloniales décidèrent de proclamer la loi martiale, avant de faire intervenir leurs troupes. Il leur fallut encore faire venir d'autres renforts d'Europe, pour battre définitivement les descendants de Chaka, après une série de combats sanglants. Le dernier monarque zoulou, Dizi Zoulou, sera banni et déporté au Transvaal, où il mourut en 1913. C'est ainsi que le puissant empire zoulou, fut terrassé par une force disposant d'une supériorité technique indiscutable et de moyens illimités. Les descendants de Chaka venaient d'apprendre à leurs dépens que, dans l'ère moderne qui s'ouvrait, le courage, la bravoure et la combativité ne seraient plus les seuls éléments déterminant l'issue d'une guerre. Les valeurs que le fondateur de leur nation avait tant vantées étaient maintenant mises à mal. Mais, depuis la mort de Chaka, il aura fallu plus d'un demi-siècle aux Britanniques pour faire chuter le puissant empire qu'il avait bâti. C'est là un fait unique dans l'histoire coloniale.

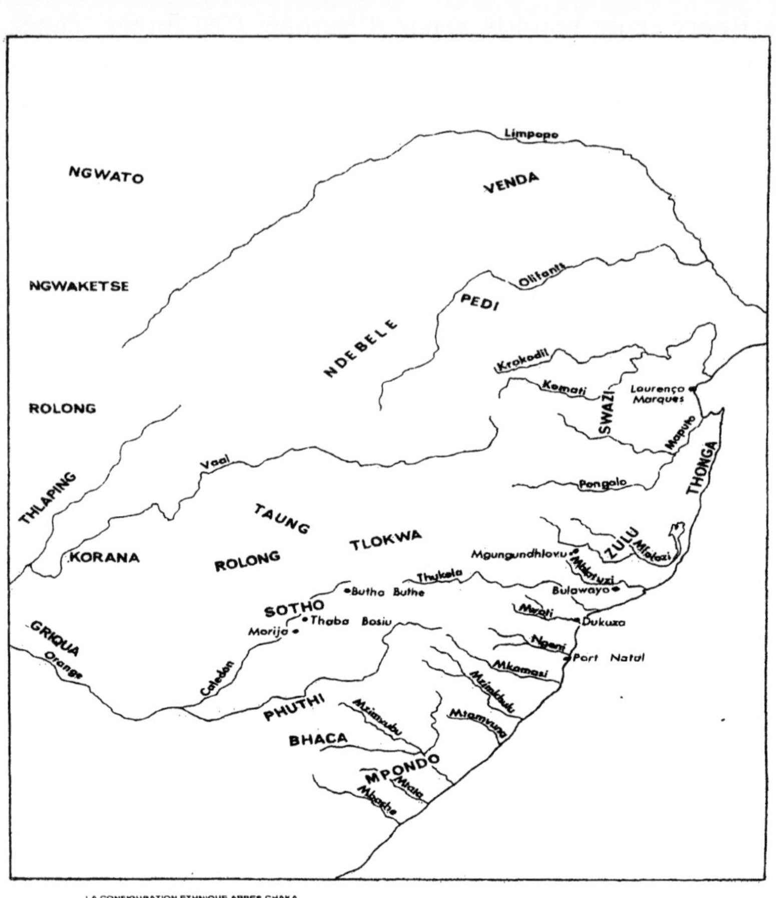

LA CONFIGURATION ETHNIQUE APRES CHAKA
(vers 1836)

LA CONFIGURATION ETHNIQUE APRÈS CHAKA ZOULOU (Vers 1834)

CHAPITRE IX

CHAKA ZOULOU : GÉNIAL BÂTISSEUR DE NATION OU MONSTRE SANGUINAIRE ?

L'histoire fait les hommes comme les hommes font l'histoire. Pour que des dons, du talent ou un génie se révèlent, il faut des circonstances et un contexte favorable. Tant de chefs et tant de peuples, volontairement ou par la force, ont suivi Chaka Zoulou ! Il en a été ainsi car l'homme proposait, dans cet univers anarchique, miné par les conflits récurrents, de répondre à des nécessités historiques. La réponse à cet appel fut radicale, du fait que Chaka était adepte de la méthode martiale. Dès lors, presque toutes les actions qu'il a menées ont obéi à ce principe. C'est dans cette logique que, par la dialectique de la sagaie, Chaka a fondé et maintenu l'empire zoulou.

Cependant, si l'homme était incontestablement un génie militaire et un grand administrateur civil, il n'a pas bâti une telle puissance tout seul. Nul homme, fut-il le plus grand de tous, n'a jamais accompli d'énormes œuvres ou gagné de grandes batailles sans aucune aide. Beaucoup d'auteurs ont souvent oublié de parler de ceux qui contribuèrent, aux côtés de Chaka, à faire d'une redoutable machine de guerre, un véritable creuset ethnique qui a servi de pivot à l'un des plus puissants empires de l'histoire. Chaka a commencé son entreprise gigantesque, dès la prise du pouvoir, avec deux fidèles compagnons, Ngoboka et Mgobhozi. Ils ont d'abord servi en sa compagnie dans l'armée abatetwa. Avec Chaka, ces deux chefs de guerre furent très remarqués, grâce à leur combativité et à leur confiance mutuelle. C'est ainsi qu'ils ont fini par devenir les hommes de confiance de Dinguiswayo. Le premier, Ngoboka, est le fils de Langa, chef des Sokhulus et d'une demi-sœur de Dinguiswayo. À la mort de son père, il fut écarté de la succession au profit d'un de ses demi-frères. Mais comme il le fit pour Chaka, Dinguiswayo lui donnera les moyens de prendre le pouvoir par les armes. Ngoboka deviendra ainsi le chef des Sokhulus. Il acceptera par la suite d'intégrer la nation zouloue, par fidélité à Chaka. Ngoboka aidera à mettre sur pied les différents Impis des forces de l'empire. Chaka lui a confié le commandement d'une division d'élite, lors de nombreuses campagnes. Ngoboka mourut vers 1857, empoisonné par un de ses fils, pressé de lui succéder. Quant à Mgobhozi, il appartenait au clan des Msanés, avant de se rallier à Dinguiswayo et de servir dans le fameux régiment des Boucliers noirs. Par la suite, sous l'empire zoulou, ses exploits au cours de nombreuses campagnes, ont été longtemps chantés par les traditionalistes. Ils ont également été reconnus par Francis Fynn, qui a été témoin de sa mort. Lorsqu'en 1825 l'un des fils du défunt Zwidé, roi des Ndwandés, avait reconstitué une armée suffisamment puissante pour s'attaquer aux Zoulous, c'est à Mgobhozi, que Chaka confia les Impis des cornes.

Les Ndwandés furent rapidement taillés en pièce. Mais Mgobhozi, qui s'était battu comme un lion, fut mortellement touché. Pour ce qui est des autres personnages importants des forces zouloues, on a peu de renseignements sur Mdlaka, commandant en chef et conseiller militaire pendant une dizaine d'années. Il a gagné, à la grande satisfaction du souverain, tous ses engagements contre les ennemis de l'empire. Il fut mis à mort par Dingane, à son retour de la campagne contre Soshangane, car Mdlaka était l'un des rares chefs de guerre de Chaka, à vouloir réagir au putsch.

Enfin, l'autre grand collaborateur militaire du souverain zoulou, est Ndlela. Fils de Sompizi, il régna chez les Ntulis, un clan presque ravagé par une grande famine qui sévit dans le pays au début du XIX° siècle. Chaka lui a confié d'énormes responsabilités militaires durant son règne. À la mort du souverain, Dingane ne put se passer de son expérience. Il lui confia le commandement en chef de l'armée zouloue, doublé du poste de Premier ministre. Ce brillant chef de guerre, qui avait toujours gardé les techniques de Chaka, était aussi un bon administrateur. Ses conseils furent très écoutés par Dingane, mais celui-ci se méfiait énormément de lui. Il avait compris que Ndlela était resté fidèle à l'esprit de Chaka. Dingane a fini par guetter l'occasion de se débarrasser de lui. Lorsque M'pandé fit sécession à la tête d'une puissante formation guerrière, Dingane envoya Ndlela l'affronter lors de la première bataille. Mais le second empereur zoulou lui donna des moyens largement inférieurs à ceux de l'adversaire. Il ne pouvait y avoir de doute quant à l'issue de cet affrontement. Le détachement envoyé par Dingane fut facilement défait. Le nouveau souverain zoulou accusa Ndlela d'en être responsable et lui appliqua le principe du « Massacre des lâches ». Ndlela sera exécuté en compagnie de quelques-uns de ses combattants qui s'étaient pourtant loyalement battus. Le Premier ministre de l'empire, Ngomane et son conseiller, le vieux sage Zihlandlo, étaient quant à eux les plus précieux collaborateurs civils de Chaka.

C'est avec ces hommes, guerriers ou administrateurs civils, que Chaka a bâti et maintenu l'empire zoulou. L'ouragan qu'il a fait souffler sur l'Afrique du Sud correspondait à une certaine attente, dans ces sociétés décadentes et livrées à d'éternels conflits. Son irruption dans l'histoire, à cet endroit et à ce moment précis, est l'intervention d'un homme charismatique pour changer le cours du destin. Car malgré l'adhésion volontaire ou forcée des peuples à son œuvre, il y eut d'abord l'influence de l'individu dans l'événement historique. Chaka n'a pas toujours utilisé que la force dans son entreprise d'unification. Avant de croiser le fer, il lui est arrivé de proposer des alliances et l'intégration à nombre de chefs de clans rebelles. Cependant, l'on peut douter de sa bonne foi. Les alliances qu'il disait vouloir conclure, n'auraient probablement été qu'un expédient destiné à gagner du temps. Tôt ou tard, il aurait été obligé de se débarrasser de partenaires trop puissants. Même s'il a laissé en place un certain nombre de dirigeants traditionnels sous son contrôle, il ne pouvait, dans sa construction d'un ensemble homogène et centralisé, accepter une situation d'États dans l'État. En fait, Chaka n'a pu se maintenir au pouvoir que par la ruse, la force et la terreur. Aussi, s'il est absurde de le dénigrer, vouloir le déifier ne serait pas plus sensé. Son ambition première a certes été pour son peuple, pour sa nation et pour sa « Race des palmes » comme il l'a confié à Fynn. Mais, s'il prenait l'avis de ses conseillers et respectait l'autorité des chefs qui ont rejoint sa grande nation zouloue, il ne manquait jamais l'occasion de les faire évincer. Il les remplaçait toujours par de proches collaborateurs plus malléables. Par ces procédés peu démocratiques, Chaka a toujours assuré, directement ou indirectement, l'exercice du pouvoir à tous les niveaux de l'empire. S'il ne subsiste aucun doute quant à l'authenticité de son nationalisme, l'homme était un dictateur. Chaka a également réformé les rapports entre différentes classes sociales, mais sans réussir à supprimer dans les habitudes le privilège du sang. Il avait choisi des hommes d'origine modeste, pour les imposer comme modèles. Il leur a confié d'importantes responsabilités, en les nommant gouverneurs dans les zones frontalières vulnérables. Ces « hommes du peuple » sont tous devenus par la suite des fondateurs de royaumes. Aucun d'entre eux n'a tenté de démocratiser son système social. Ils ont tous assuré leur descendance de façon héréditaire.

Chaka Zoulou appartient à cette race de grands conquérants, personnages que l'on dit hors du commun et qui ont fait la trame de l'histoire. Aussi, se croyant, à tort ou à raison, investi d'une mission, comme tout bâtisseur de nations, Chaka était inévitablement un broyeur de peuples. L'histoire de l'humanité regorge d'exemples d'hommes de cette dimension. Le souverain zoulou n'était pas différent des autres grands meneurs. Car il n'y a pas d'homme ou de peuple véritablement unique, dans l'espace et dans le temps. Il n'existe pas de groupes humains chez qui on noterait des différences fondamentales avec le reste de l'humanité. Toute organisation sociale et économique répond essentiellement aux exigences de la nature humaine. Elle répond à son caractère agressif, naturellement ambitieux et conflictuel. Autrement dit, chaque individu, base de l'ensemble, cache plus ou moins au fond de lui un désir de briller et de dominer.

Ces caractéristiques sont communes aux Egyptiens, aux Grecs, aux Romains, aux Mongols comme aux Zoulous. Beaucoup de conquérants et grands meneurs d'hommes issus de ces peuples, ont compris, canalisé et exploité ces réalités. Certains l'ont fait dans un intérêt collectif, d'autres les ont mises au service de leurs ambitions personnelles. En y regardant de plus près, de Alexandre à Bonaparte et de César à Chaka, on croirait assister à la répétition d'une pièce déjà vue. Seul le décor change.

Une des mystifications de l'histoire humaine est que les peuples ont toujours perçu ces meneurs comme des êtres d'une supériorité culturelle et intellectuelle qui les placent au-dessus de tout concept moral préétabli. Autrement dit, les notions de bien ou de mal, de vrai ou de faux ne peuvent concerner que les hommes ordinaires. Pourtant le concept de surhomme développé par Nietzsche et récupéré par la plupart des dictateurs, relève plus de la fiction grammaticale que d'une quelconque réalité. Car ces acteurs, même perçus comme hors du commun, n'en demeurent pas moins l'image ou le reflet de l'homme ordinaire. Mais de l'homme ordinaire poussé à ses extrêmes et qui révèle tout ce qu'il a de bestialité inspirée et de démesure. À la tête de leurs armées, ces meneurs n'ont eu recours qu'à la force. Par celle-ci, comme moyen ou comme fin, ils ont bâti ou élargi des empires. Car les hommes naturellement conflictuels n'ont jamais été vraiment tentés par la sagesse ou les vertus du pacifisme. Ils n'ont réalisé leurs desseins par des moyens pacifiques qu'en y étant obligés.

Depuis longtemps, les plus éclairés des observateurs ont sans doute compris un des sens de l'histoire. Celui qui se trouve probablement inscrit dans la marche des Quatre Cavaliers, que l'Apôtre Jean met en scène dans *Le Livre de l'Apocalypse*. La philosophie de ce mouvement infernal décrit une foudroyante marche du temps. Rythmée par des meneurs, elle piétine et écrase les faibles, des masses d'acteurs ou de spectateurs de l'histoire. C'est ainsi que Jules César a conduit son épopée en piétinant des centaines de milliers de cadavres en Gaule ou ailleurs. Après Austerlitz, Iéna et Friedland en

1806, un général russe écrivit au Tsar Alexandre à propos des campagnes napoléoniennes : *Ce n'est plus de la guerre mais de la boucherie*. De la même manière, Chaka Zoulou a écrasé des peuples qui refusaient d'avancer avec lui. Pourtant, même s'il est permis d'en douter, son prétexte était d'éclairer de mille et une lumières le destin d'un empire homogène, puissant et dominateur. Mais l'homme a aussi assombri une page de l'histoire. Sa route est jalonnée de morts et de destructions. Car le souverain zoulou n'était pas que ce héros, bâtisseur de nation et réformateur social. Dans l'histoire de l'humanité, il a aussi associé son nom à ceux qui peuvent évoquer carnages et brutalité. Il ne souffre l'ombre d'un doute que – même s'il est à peu près impossible d'avancer des chiffres précis – des milliers d'hommes ont péri sous l'avance des forces zouloues.

Pour bâtir, consolider son œuvre et lui assurer une grande stabilité, les différentes campagnes menées par Chaka ont causé la destruction de tribus entières qui résistaient. Les famines et les épidémies, conséquences de ces actions, furent aussi meurtrières que les campagnes militaires elles-mêmes. De vastes portions de territoires, situées entre la rivière Umzimvubu et le lac Nyassa au Nord, l'océan indien à l'Est et le désert du Kalahari à l'Ouest, ont subi au cours du *Mfécane* des ravages ayant pratiquement dépeuplé toute la zone. De nombreux clans qui ont refusé, à tort ou à raison, d'épouser l'objectif du conquérant zoulou, ont disparu. La mémoire africaine a aujourd'hui oublié jusqu'à leurs noms. En cela, Chaka était un authentique et impitoyable cavalier nègre de l'Apocalypse.

Et comme beaucoup d'autres conquérants de cette dimension, il n'a pas vraiment réalisé les monstrueuses conséquences de certaines de ses actions. En toute bonne foi, Chaka était convaincu d'avoir simplement agi au nom d'une noble cause, en y mettant les moyens même démesurés. En fait dans ce domaine, la seule exception historique est à mettre à l'actif du plus sinistre et sanguinaire des grands meneurs d'hommes, Adolphe Hitler. Il est presque le seul à avoir revendiqué le côté monstrueux de son entreprise criminelle.

Le leader nazi a mis sur pied une armée sous totale anesthésie morale et prête à la guerre raciale (*Rassenkampf*). Ce raciste pathologique, qui se définissait lui-même comme un barbare, a méticuleusement programmé l'extermination de peuples entiers et tenté de se justifier en affirmant que :

« *Rien ne pourra empêcher la confrontation finale, entre l'esprit pan-germanique et l'esprit pan-slavique, autrement dit, entre la race et la masse. Ainsi s'impose à moi, le devoir de cultiver de façon méthodique, l'accroissement de la race aryenne supérieure, et de limiter le développement de races inférieures et qui se reproduisent comme de la vermine. Il n'y a pas de raisons pour qu'un peuple amorphe, occupe de grandes surfaces, pendant qu'un peuple supérieur, occupe un bout de terrain. Alors allez-vous me demander, que signifie dépeuplement, si j'ai l'intention de supprimer des peuples ? Oui c'est à peu près cela. La nature est cruelle, nous avons aussi le droit de l'être.* »

Bien que l'on puisse lui attribuer un grand nombre de calamités historiques, Chaka n'a jamais tenu un tel discours pour expliquer son épopée. Pourtant, maniant l'anathème avec un certain art, beaucoup d'historiens partisans l'ont tout simplement comparé à Hitler. Autrement dit, l'œuvre du souverain zoulou n'était ni plus ni moins qu'un génocide. Ceci ne résiste pas à l'analyse. Il n'y a certes pas de degrés dans l'horreur ni de monopole de la cruauté. Chaque continent a malheureusement ses points d'horreurs à des dimensions différentes. Cependant, une volonté d'extermination systématique de peuples n'est pas prouvée dans l'entreprise de Chaka Zoulou. Sa principale motivation était de rassembler, pour bâtir une nation au sens moderne, comme il n'en existait pas en Afrique avant lui. De nombreuses populations rebelles en ont payé le prix fort. Mais, préméditer une entreprise criminelle comparable à celles dont ont été victimes les Amérindiens, les Juifs et les Arméniens, n'a jamais été le but de Chaka. Pas plus qu'il ne l'a été, pour aucun autre souverain de l'histoire de l'Afrique. Jusqu'à une période récente, on ne trouve pas trace dans l'histoire du continent noir de tels exemples de barbarie extrême, qui ont plongé le monde dans la nuit et le brouillard (*Nacht und Nebel*). Car si les massacres du *Mfécane* - dont Chaka était tout aussi responsable que les Boers, Dinguiswayo, Zwidé et autres chefs militaires dissidents – ont été horribles, cela ne fut pas programmé dans le seul but d'éliminer des populations entières au sens d'un génocide. Chaka a probablement donné dans une sorte de « Après moi le déluge » comme beaucoup de monarques absolus de cette dimension. Cette perdition expliquerait sans doute les séries de massacres insensés, pour re-dynamiser la discipline nationale, rapportés par la tradition zouloue.

Au demeurant, l'une des interrogations fondamentales dans l'histoire de cette étonnante épopée, tournerait plus autour de son sens que de sa marche sanglante. Chaka était-il ce grand visionnaire que chantent les *Griots* et que revendique tout un continent ? En clair, avait-il réellement bâti ce puissant ensemble en essayant d'harmoniser tous les peuples d'Afrique du Sud, pour faire face aux visées européennes, de conquêtes et d'occupation coloniale ? Sur la question, les avis sont partagés. Pourtant, s'il demeure une zone d'incertitude, force est de reconnaître que si tel était le réel objectif de Chaka, la suite lui a donné raison. L'histoire retient que, face aux visées européennes, beaucoup de géants africains du XIX° siècle ont échoué, faute de n'avoir pu opposer une riposte efficace. Ceci parce qu'ils ont souvent évolué dans des structures affaiblies par l'absence de frontières naturelles, une grande hétérogénéité des populations et des conflits internes. Ainsi, presque aucun souverain africain n'a réussi, après Chaka, à fédérer durablement, en une alliance objective, des peuples différents pour déjouer les visées étrangères. Le manque de maîtrise des moyens techniques et d'intégration harmonieuse de toutes ces micro-sociétés dans de grands ensembles, leur a donné le coup de grâce. Chaka avait sans doute compris ce danger d'éclatement et réussi à l'éviter de son vivant. C'est probablement pour cela qu'il demandait à chacun de ses sujets d'être à la fois individu et nation, comme l'exaltation d'un idéal collectif. Chaka ne concevait, mathématiquement, l'individu zoulou que s'il était d'abord égal à l'ensemble de la nation divisée par elle-même, c'est-à-dire un. Autrement dit, un Zoulou n'était individu qu'à travers la masse. Il ne pouvait donc exister que par et pour sa nation. Et le groupe s'identifiait à l'épopée, à son sens et à son idéal, dont l'aboutissement était le triomphe de l'ensemble. Chaka était le produit d'un certain univers africain menacé de l'extérieur. Aussi, l'émergence de son empire est indissociable de facteurs de survie économiques et culturels. Le conquérant africain a, dès lors, tenté de réaliser une parfaite homogénéité des composantes d'un ensemble, pour en faire le principal support de ses objectifs. Car toutes les sources s'accordent aussi sur un point : Chaka n'a commencé à parler de « Race des palmes » qu'après avoir unifié tous les peuples bantouphones. C'est également après la consolidation de l'empire zoulou, que Fynn et la plupart de ses proches ont noté son caractère agressif envers les colons.

Il est toutefois difficile de dire s'il était prêt pour une action anticolonialiste de grande envergure et à quel moment. Cet homme, pourtant sanguinaire et despotique, restera comme le plus grand rassembleur de l'histoire africaine. Mais écrire sur son épopée est d'autant plus difficile, qu'expliquer ses contradictions relève d'une véritable gymnastique, tellement l'homme était déroutant. Du vivant de cet être charismatique et imprévisible, la grande puissance coloniale anglaise du XIX° siècle a prudemment évité de s'attaquer ou de dicter sa loi à l'empire zoulou. Cependant, au regard de la finalité, dans l'espace et dans le temps, le prix payé par les peuples sud-africains, à cette aventure, est très fort. Car le souverain zoulou a utilisé la force pour bâtir un empire et c'est par elle qu'il se désintégrera. Paradoxalement, c'est en voulant fortifier la nation qu'il avait fondée, que Chaka, sans le savoir, a contribué à sa perte. Il a réussi à intégrer un nombre considérable de peuples, mais en a fait fuir autant. Certains de ces clans sont revenus plus tard au Natal, notamment après la dissidence de M'pandé. Les colons européens en ont profité, pour les manipuler et occuper des espaces laissés libres par le conquérant sud-africain. Ils ont soulevé des peuples, descendants de ceux qu'il avait vaincus et chassés, sans pouvoir les intégrer dans son empire.

Au cours du *Mfécane*, trop préoccupé par la seule formation de sa grande nation, Chaka avait en fait sous-estimé les mouvements de populations européennes. Quand ses successeurs ont été réellement prêts à s'en occuper, il était déjà trop tard pour stopper leur avance. On peut également se demander pourquoi Chaka méprisait tant les armes à feu. Qu'aurait été l'avenir de l'Afrique du Sud, si ses successeurs, tout aussi ultra-conservateurs, avaient accepté d'équiper leurs puissantes forces guerrières, d'un armement moderne ? Mais Chaka avait toujours affirmé que sa culture était en mesure de répondre aux nombreuses questions qu'il pouvait se poser. Elle seule pouvait lui apporter des réponses adaptées aux réalités africaines. Avait-il peut-être peur, lui si Nègre, si original et si sûr de ses traditions, d'être accusé de s'approprier des valeurs venues d'ailleurs ? Sans nul doute, cette confiance des Zoulous en leur civilisation et en leurs traditions, ce conservatisme rigide que la plupart des successeurs de Chaka ont entretenu, auront perdu l'empire. Car les colons européens, sans état d'âme, profiteront d'une supériorité technique pour s'imposer.

Dans les années qui suivirent, l'affaiblissement de l'empire zoulou s'accélérera. Beaucoup de tribus, jadis intégrées à la nation, prendront leurs distances avec l'impérialisme militariste dépassé de ses chefs. Elles sont retournées à leurs anciennes pratiques de culture et d'élevage. En fait, si l'empire multiethnique de Chaka reposait au commencement sur une grande puissance militaire, autrement dit sur la force, ses valeurs morales et culturelles lui ont cependant survécu. C'est seulement après la chute de l'empire zoulou que l'œuvre de Chaka commencera à être revendiquée par tout un continent. Car la force n'a jamais réussi à s'imposer durablement dans l'histoire. C'est aussi en étant militairement vaincue, occupée et pillée, que l'Egypte négro-africaine, a vu sa culture influencer toutes les civilisations qui ont suivi. Également, la Grèce et Rome, qui ont mis un terme à la suprématie africaine, ne verront leur génie philosophique et artistique éblouir le monde, que lorsqu'elles auront cessé d'être des puissances militaires conquérantes.

Le premier empereur zoulou a légué à ses successeurs un redoutable esprit nationaliste, d'une rare ténacité et d'une indéfectible âpreté de résistance. Quant à l'administrateur et révolutionnaire social, il leur a également légué un empire prospère et respecté. Celui-ci englobait des territoires qui s'étendaient sur 3 000 km, jusqu'aux limites du lac Victoria. Cet espace géographique, économique et culturel se maintiendra longtemps, en occupant tout le Natal moderne. Enfin, l'épilogue de la tragédie du peuple zoulou ne fait que traduire, ni plus ni moins, la défaite de la sagaie face aux canons et aux fusils. Elle symbolise la tradition qui s'incline devant la modernité. Comme si un implacable destin annonçait, par cette chute, que l'on entrait dans une nouvelle ère de civilisation. Ce tournant historique allait conférer aux nations occidentales colonisatrices une incontestable hégémonie sur la planète. Mais, majestueuse révérence, du haut de son désormais et éternel *Peuple du ciel*, Chaka Zoulou, *Ô Bayété céleste*, se console probablement de n'en avoir pas été témoin ici-bas. Car durant toute son existence, cet homme imprévisible, n'a toujours été fidèle qu'aux seuls rendez-vous qu'il fixait lui-même à l'histoire.

PROVERBES ZOULOUS

« La mort n'est pas une chambre où l'on entre et sort. »

« Cœur qui brûle ne fait pas de fumée. »

« Il n'est pas de toit qui n'ait sa fumée, ni d'homme son chagrin. »

ANNEXES

CHANT DE LOUANGES ZOULOU COMPOSÉ EN L'HONNEUR DU LION

(Chapitre II)

Ô fauve de chez Mothébélé, enfle ta carrure
Lion jaune aux reflets fauves,
Toi qui, délaissant les biens des hommes,
Te repais de ce qui vit en liberté,
Affranchi des devoirs familiaux,
Sans vieux parents à pourvoir.
Et tu n'as plus, quand tu as abattu, qu'à
Débiter pour toi-même.

CHANT DE LOUANGES ZOULOU COMPOSÉ EN L'HONNEUR DE LA HYÈNE

(Chapitre II)

Ô tachetée, hyène à l'encolure fauve et puissante,
dont les neveux sont le lion et l'hyène rayée.
Fille des tatouages compliqués
Ô tachetée, fille des chants que chantent dans l'ombre
les jeunes filles initiées.
Chasseresse qui rôde à l'heure où tombe la nuit,
Pourquoi crains-tu d'annoncer de jour
ta poursuite ?
Tu crains que l'on ne t'accuse de tout ce que
perdent les hommes ?

CHANT DE LOUANGES COMPOSÉ PAR LES FILLES DE QUOBÉ ET DÉDIÉ À CHAKA, APRÈS SON COMBAT CONTRE LE LION

(Chapitre II)

Chez nous à Quobé, il n'y a pas de jeunes hommes,

De jeunes hommes nous n'en connaissons qu'un seul ;

Chez nous à Quobé, il n'y a pas d'hommes faits,

Ceux qu'on appelait de ce nom sont tous des lâches ;

Ils ont pris la fuite, laissant là leur frère d'initiation,

Ils ont abandonné un camarade aux prises avec un fauve ;

Face à face avec un lion dont il va triompher.

Senza N'Gakona n'a pas d'hommes, il périra au jour de leur fuite ;

Fais prendre ton fils, Senza N'Gakona, qu'il retourne auprès de toi,

C'est un homme, celui-là, un vaillant qui portera ton fardeau,

Il combattra pour toi, et par lui tu triompheras de tes ennemis.

LE COMBAT DE CHAKA CONTRE L'HOMME DE LA FORÊT, RAPPORTÉ PAR LA TRADITION ZOULOUE (Chapitre III)

Le premier coup asséné par Chaka était terrible,

Alors le fou se dressa mais étourdi.

Il tentait de reprendre ses forces, mais Chaka ne lui en laissa pas

L'occasion. Il le frappa et le frappa encore de sa sagaie inébranlable.

Le géant tomba, il s'effondra au sol tel un arbre gigantesque,

Tel un rocher qui vient s'immobiliser en une profonde vallée. Un tonnerre

D'applaudissements lui fit écho dans les montagnes lointaines.

Et même ceux qui, pris de peur, s'étaient tenus à l'écart,

Clamèrent leurs chants de louanges.

Ensemble, ils crièrent des poèmes exaltant Chaka.

« Toi le grand, qui du fond de la forêt te prépares au combat comme

Un feu farouche, qui perce les yeux des hommes. »

Le poète ne pouvait plus se maîtriser, versa des larmes. Des foules

S'assemblèrent, et elles invitaient Chaka chez elles,

Le régiment Izi Chwé l'accompagna de son chant.

Ils entonnèrent l'antique chant des héros.

UNE SCÈNE DE DANSE AVEC CHAKA

(Chapitre VI)

Chaka bondit dans l'arène et se mit
À danser comme une girafe.
Tout son corps était parcouru de tremblements.
On eut dit qu'il le portait dans ses mains.
Et même les vieillards se mirent debout,
Pour danser lentement au son des antiques chansons.

LA POÉSIE ZOULOUE

L'âge empoigne le corps mais le cœur reste jeune,
Le bol de bois s'use avec le repas,
Aucun arbre vieillissant ne peut plus retenir son écorce
Aucun amant n'a de repos sans les larmes de son rival.

POUR CÉLÉBRER UNE VICTOIRE

Le Griot célébra cette victoire par un poème,

Il parlait lentement, sans jeter ses paroles en l'air,

Il dansait calmement, en faisant tourner son corps

En cercles gracieux, avide de montrer son savoir-faire.

Et sa touffe de plumes se balançait comme branches au vent.

Les femmes du clan des Abatetwas chantaient leurs termes de louange.

Elles frappaient le sol autour de Senza N'Gakona,

Et fouettaient la peau de lion où il siégeait

Avec les peaux de bœuf réservées aux héros,

Et c'est ainsi que commença la grande danse des régiments.

CHANT DE FÊTE

Princesse « mal-aimée »

Vois la fête qui danse.

Un rameau bariolé

Grand moment du matin

Le cheval pie du chef

Travaillez doucement

La danse n'est point hâte

Grand et beau par derrière

La fête danse à l'aube

Dressée, le chef des femmes

Quand bat son plein la fête.

SALUTATION QUE CHAKA DEMANDAIT À SON PEUPLE DE LUI ADRESSER À CHAQUE CÉRÉMONIE OFFICIELLE

(Chapitre VII)

« Bayété, Baba (ô Père) Seigneur des Seigneurs !

Ô toi le grand lion, l'éléphant auquel nul ne peut répondre !

Toi qui as grandi tandis que nous rapetissions,

Bayété, Baba, Seigneur du ciel !

Toi le ténébreux, né pour gouverner avec clémence,

Toi qui possèdes la puissance de l'éléphant,

Toi qui dévores les hommes !

Toi dont les griffes sont pareilles à celles du lion !

Toi dont la grandeur monte jusqu'au ciel,

Au-dessus de nos têtes,

Ô Zoulou, ô céleste, conduis-nous avec clémence.

Bayété, Seigneur ! Bayété, Baba ! Bayété, céleste ! »

HYMNE DÉDIÉ A CHAKA, ENTONNÉ PAR TOUS LES RÉCITANTS ZOULOUS
(Chapitre VII)

À CHAKA

Ô Chaka, je tremble, parce que c'est toi Chaka,
Chaka qui fut seigneur des Mashobeinis :
Tu fus l'objet des sarcasmes des femmes de Nomgabi,
Des femmes assises à l'ombre et qui te tournaient en dérision
Disant : Chaka ne régnera pas, il n'aura pas la souveraineté,
Alors que cette année-là même, Chaka put s'y prélasser à son aise.
Chaka qui sans trêve, bouleverses les villages !
Jusqu'au moment où, à l'aube, ils s'écroulent les uns sur les autres,
Chaka, flamme brûlante issue du fils de M'jokwané, fils lui-même de Ndaba,
Brasier aux flammes rugissantes
Dont les langues de feu atteignaient jusqu'aux hiboux des Mabèdhlanas lointains.
Il obligea les troupeaux de Sihano, à le suivre
Et de son regard, parcourut jusqu'aux rivages de l'océan ;
Les troupeaux de Mafangosi subirent le même sort,
Les troupeaux dont les vaches étaient traites par le chef
Des Mavélas, le chef au bras unique ;
Chaka, Ô Zoulou ! éclair dont le tonnerre vint gronder
Au-dessus du village, à Ekougobêkèni,
Il s'empara de force des boucliers des guerriers Mapèlas.
Et il dévora Nomhlanjana, fils de Zwidé,
Comme il engloutit aussi Mphépa, fils de Zwidé ;
Et lorsque l'éléphant se décida à partir, le peuple de Langa le suivit, captif,
Il détruisit encore Dayingoubo, fils de Zwidé,
Et aussi, Mpondo Phouméla-Kwézindé à Maphélémi
Et Mthimona, fils de Gaka.
Du petit bœuf réfugié sur le faîte du toit à Ntombazi

Ils disaient : Il porte malheur, alors que ce sont eux qui portaient malheur !
Il est l'éléphant qui tourne la tête et détruit les hommes,
L'éléphant qui barrissait au jour où il se tenait près de la petite source.
Il est l'éclair qui tonna et dévora les boucliers des guerriers Mapélas.
Alors les femmes en ce jour abandonnèrent leurs champs à moitié défrichés,
Laissant à terre les semences répandues partout sur les décombres des villages,
Les femmes, qui dans leur terreur ne purent se retenir !
À Sondombana il dévora deux tiges de roseau sucré
Et le prodige est que de ces deux tiges il ne sortit qu'une herbe médicinale !
Chaka qui ne consulte ni simple particulier ni conseiller
Qui ressemble à Vimba et à Manguékazi.
Il est pareil à la courge verte encore : quand on y mord, on la crache aussitôt.
Parce qu'elle vous fait penser à la bouillie de courges molles.
Il est celui qui regarde les villages sans en avoir l'air, et les villages tremblent
Parce qu'il a regardé de cette manière les villages de ses propres frères,
Chaka, le bœuf noir de Hlayoukana
Sur lequel on doit passer sa langue avant d'aller consulter le féticheur,
O petit enfant de ma mère, viens que je te prenne sur mon
Dos, viens que nous prenions la fuite,
Déjà les autres emportent leurs enfants sur leurs dos ;
Ô rameau de Mbouza, rameau de Nsèlè,
Rameau de Sichousa fils de Doungankomo !
N'est-ce pas la sauterelle qui fut transpercée par une
Lance à la résidence de Malandhéla ?
Mais quand la sauterelle donna de ses pattes un coup,
Elle se libéra en s'envolant...

GÉNÉALOGIE DES SOUVERAINS ZOULOUS

ANCETRES DE CHAKA ZOULOU

Nkizintoulou

Mdlani

Malandela

Qwabé Zoulou

Phunga et Mageba (jumeaux)

Ndaba

Jama

LIGNEE DE Senza N'Gakona

Senza N'Gakona (mort en 1816)

Chaka (mort en 1828)

Dingane (mort en 1840)

M'pandé (mort en 1876)

Cétiwayo (mort en 1884)

Dizi Zoulou (mort en 1913)

Solomon Nkyishana (mort en 1933)

Mangogo (sœur) et Mathole Buthelezi

Cyprian Bekhu Zoulou (mort en 1968)

Mangusutu Buthelezi Gatsha (vivant)

Goodwill Zwelithini (règne depuis 1971)

REPÈRES CHRONOLOGIQUES

- 1 000 000 d'années :	*L'enfant de Taung* (Autrapithecus Africanus) en Afrique du Sud.
- 100 000 ans :	Les premiers Homo sapiens (ancêtres des Khoïs et des Bochimans), occupent l'Afrique du Sud.
Déb. ère chrétienne :	Commencement de la longue migration des Bantous à travers le continent africain.
X° siècle :	Arrivée des Hottentots dans le pays.
XI°-XV° siècle :	Arrivée des Namas et des Bantous en Afrique du Sud.
Début XV° siècle :	Fondation de l'empire Monopota dans le Grand Zimbabwe.
Juin 1479 :	L'Espagne et le Portugal se partagent le monde par le *Traité de Alcaçovas*, confirmé par le *Traité de Tordesillas* (1494).
1480 :	Mort de l'empereur Matopé, chute de l'empire du Monopota.
1487 :	Bartoloméu Dias passe le Cap de Bonne Espérance et repère avec

précision la région Sud du continent noir.

Fin XVI° siècle :	Les Bantous attaquent et chassent les Bochimans et les Khoïs.
1652 :	Arrivée des premiers colons néerlandais (Boers) en Afrique du Sud.
1688 :	Établissement d'environ 150 Huguenots après la révocation de l'Édit de Nantes.
1707 :	Nouvelle arrivée de 800 colons européens en Afrique du Sud.
1779 - 1780 :	Première guerre opposant les Boers aux tribus locales.
1787 :	Création en Angleterre de la *Société pour l'abolition de la traite*.
1790 :	Naissance de Chaka.
1795 :	Première occupation britannique de la colonie du Cap.
1800 :	Dinguiswayo devient roi des Abatetwas.

1802 :	Grande famine en Afrique du Sud.
1803 :	Après s'être successivement réfugiée chez les Languas et les Quwabés, Nandi arrive chez les Abatetwas avec ses trois enfants.
1806 :	Deuxième occupation britannique de la colonie du Cap.
1807 :	L'Angleterre, qui a pris la tête du mouvement abolitionniste, interdit la traite et l'esclavage des Noirs.
1809 :	Chaka est incorporé dans le régiment des Izi Chwés.
1810 :	Chaka est nommé commandant de son régiment.
1814 :	Le Cap est acheté par les Anglais aux Hollandais pour 5 millions de livres. Début de la colonisation de l'Afrique du Sud.
1815 :	Sous l'impulsion des Anglais, les cinq puissances européennes (Grande-Bretagne, France, Russie, Prusse et Autriche) condamnent moralement la traite et l'esclavage.

1816 :	Mort de Senza N'Gakona, Chaka conquiert le pouvoir par les armes.
1817 :	Les N'Gwanés de Matiwané sont battus successivement par Dinguiswayo et Zwidé. Les malheureux vaincus délogent à leur tour les Hlubis qui sont obligés de se réfugier sur le plateau.
1817 :	Début du Mfécané inter-ethnique.
1818 :	Dinguiswayo est capturé puis mis à mort par Zwidé.
1819 :	Mzilikazi se joint aux forces de Chaka contre Zwidé. Ce sera l'occasion pour Chaka d'élargir son empire qui s'étendra sur 30 000 km^2 et son armée comptera près de 40 000 combattants.
1819 :	Chaka reprend les campagnes du Mfécane vers l'ouest, contre les Sothos et les Bechouanas.
1820 :	Arrivée de milliers de colons britanniques en Afrique du Sud. Début des conflits entre Britanniques et Boers.
1820 :	Chaka proclame officiellement la naissance de l'empire zoulou.

1822 :	Chaka renforce l'empire zoulou avec l'intégration de nouveaux peuples vaincus.
1824 :	Arrivée de Fynn au Natal, il sera reçu pour la première fois par Chaka.
1825 :	Chaka fixe sa nouvelle capitale à Dukuza après avoir vaincu et intégré les Ndwandés commandés par Dayingoubo.
1827 :	Campagne contre les Pédis et d'autres peuples retranchés sur le plateau.
1827 :	Campagne contre les Pédis. Mort de la mère de Chaka, début du deuil forcé de la nation zouloue.
30 avril 1828 :	Chaka envoie officiellement un ambassadeur auprès du roi d'Angleterre Georges IV. Il lance au même moment et simultanément, une campagne contre les Mpondos et les Thembous.
17 août 1828 :	Retour de l'ambassade de Chaka.
26 août 1828 :	Tandis que les membres de l'ambassade rendent compte de leur

	échec à Chaka, les Britanniques taillent en pièce les N'gwanés pensant avoir affaire à des Zoulous.
16-17 sept. 1828 :	Dernière visite de Fynn et d'Isaacs à Chaka.
22 septembre 1828 :	Chaka est assassiné par ses demi-frères et leur complice Mbopha.
1828 :	Dingane succède à Chaka mais prolonge son entreprise tout en assouplissant le système militaire de l'empire.
1833 :	Abolition de l'esclavage par les Anglais.
1834 :	H Fynn quitte le Natal. Début de la détérioration des rapports entre le nouveau souverain zoulou et les Européens.
1834 :	Début du *Grand Trek.*
1837 :	Le chef des Voortrekkers (immigrants du Grand Trek) est reçu par Dingane pour négocier l'autorisation de s'installer sur des terres de l'empire zoulou. La négociation se terminera par le massacre des négociateurs Boers. Début de la sécession du demi-

frère de Chaka, M'pandé, soutenu par les colons (Anglais et Boers).

1840 : Couronnement de M'pandé comme nouvel empereur des Zoulous.

1841 : Les Britanniques annexent le Natal.

1845 : Le Natal est annexé au Cap ; du fait de la rivalité avec les Anglais, la plupart des Boers quittent le territoire.

1852 : Indépendance de l'État du Transvaal.

1853 : La Grande-Bretagne accorde des Institutions représentatives à la colonie du Cap. Cecil Rhodes en devient le gouverneur.

1854 : Indépendance de l'État d'Orange.

1857 : Fin du *Grand Trek*.

1857 : Les Boers instaurent officiellement un système de discrimination raciale au Transvaal et dans l'État d'Orange.

1857 : Par réaction, Les Khosas sacrifient la totalité de leur bétail.

1860 :	Abolition de l'esclavage dans les îles néerlandaises.
1870 :	Découverte de mines de diamant en Afrique du Sud.
1871 :	Annexion du district diamantifère de Kimberley par les Britanniques.
1875 :	Le Transvaal devient une colonie puis le Zoulouland.
1876 :	Mort de M'pandé après 36 ans de règne, Cétiwayo lui succède.
1876 :	Les héritiers de M'pandé se livrent une longue lutte de succession.
1876 :	Cétiwayo accepte l'enrôlement de travailleurs zoulous destinés aux industries du Natal.
1877 :	Détérioration des relations entre Cétiwayo et les Européens.
1878 :	Les envoyés de Sa Majesté tentent d'imposer un traité à Cétiwayo.

1879 (janvier) :	Les troupes anglaises envahissent le Zululand.
1879 (février) :	Bataille de Hisandhlawana, les Zoulous écrasent l'armée britannique.
1879 (22 juillet) :	Défaite de Cétiwayo à Roke's Drift.
1879 (août) :	Cétiwayo est fait prisonnier. Il sera maintenu en captivité au Cap, de septembre 1879 à juillet 1882. Le 1er septembre 1879, la monarchie zouloue est supprimée. Le territoire de l'ancien empire de Chaka est divisé en 13 chefferies placées sous l'autorité directe d'un gouverneur britannique.
1884 :	L'Angleterrre place sous sa souveraineté le Bechouanaland.
1886 :	Découverte de mines d'or en Afrique du Sud.
1888 :	L'Angleterre établit son protectorat sur le Mashonaland.
1899-1902 :	Guerre opposant les Boers aux Anglais.
1902 :	Fin de la guerre, défaite des Boers.

1906-1907 : Le Transvaal et l'Orange reçoivent une autonomie administrative.

1909 : Une constitution, après consultation des populations locales et Londres, établit une Union sud-africaine composée de quatre colonies autonomes : le Cap, le Natal, l'Orange et le Transvaal.

1924 : Découverte en Afrique du Sud de « l'enfant de Taung », un australopithèque vieux de plus d'un million d'années

BIBLIOGRAPHIE

Histoire générale de l'Afrique :
la dispersion des Bantous
Ibrahim Baba Kaké
ABC/NEA

Chaka
Ibrahim Baba Kaké
ABC/NEA

The diary of Henry Fynn
James Stuart and Daniel McKey
Shuter and Shooter, Pietermaritzburg, 1950, 1969

Shaka Zulu
E.A Ritter
Longmans, Londres, 1951

Travels and adventures in eastern Africa,
descriptive of the zulus, their manners...
Nathaniel Isaacs
Edward Churton, Londres, 1836

Histoire de l'Afrique noire
Joseph Ki-Zerbo
Hatier, Paris

Explorations de l'Afrique australe
David Livingstone
Hachette, Paris, 1868

L'ère des calamités

L'Afrique australe au XIX°siècle et au XX° siècle
Elika M'Bokolo
NEA/ABC

CHAKA
Thomas MOFOLO
Gallimard

Poèmes dramatiques à plusieurs voix
In Ethiopiques
L.S. Senghor
Éditions du Seuil, Paris, 1956

Préhistoire de l'Afrique
H. Allimen
Éditions N. Boudée et Cie, Paris

African Universities and western tradition
E. Ashby
Éditions London Oup

Les peuples et les civilisations de l'Afrique
A. Baudmann et D. Westermann
Éditions Payot, Paris

Histoire de l'Afrique
Robert Cornevin
Éditions Payot, Paris

L'unité culturelle de l'Afrique noire
Cheikh Anta Diop
Présence africaine, Paris

Un long chemin vers la liberté - Autobiographie
Nelson Mandela
Éditions Medium

Hommage à la femme noire
Tomes I à VI
Simone Schwartz-Bart
Éditions consulaires, Paris

The political mythology of apartheid
L. Thomson
New haven, Yale university

Trois mois chez les Zoulous
Paul Deléage
Éditions Denter, Paris, 1880

Emperor Shaka the great, A Zulu Epic
Mazisi Kunene
UNESCO
Londres, 1979

Anthem of the decades, A Zulu Epic dedicated of the women of Africa
Mazisi Kunene
UNESCO

Shaka Zulu
Shula Mark
Traduit par Raymond Morinea
Éditions J. A, Paris

History of the Battles and Adventures of the British, the Boers and the Zulus, in South Africa
Murray and St Leger
Frank Cass, Londres, 1968

Progress of South Africa in the century
Georges McCall Theal
Philadelphie, 1902

Olden times in Zululand and Natal, containing Earlier Political History of the eastern Nguni Clan
Alfred T Bryant
Longmans, Londres, 1929

Chaka, and historcal Romance, in opportunity, Journal of negro life
Ben Nnamdi Azikiwé
National Urban league, New York, 1932

Bantu, Boers and British in South Africa
William Miller McMillan
Oxford University Press, Oxford, 1929

The Kingdom of the Zulu of South Africa
Max Gluckman
Oxford University Press, Londres, 1940

The definitive Chaka in transition
Ayi Kwé Armah
Accra, 1975

Izibongo Zamakhozi
Cyril Lincoln Sibusiso Nyembezi
Shuter and Shooter, Pietermaritzburg, 1958

The story of the Zulus
James Young Gibson
Longmans, Londres, 1911

Anthologie nègre
Blaise Cendrars
Buchet-Chastel, Paris

645355 - Mars 2016
Achevé d'imprimer par